Lust auf Farbe

Katrin Möller

Lust auf Farbe

Harmonisch wohnen mit Feng Shui

Deutsche Verlags-Anstalt

Inhalt

Rot

Gelb

Die Farbe Gelb in den Räumen

Die Farbe Gelb im Bagua

Die Farbe Gelb und die Persönlichkeit

Varianten der Farbe Gelb

Weiß

Die Farbe Weiß in den Räumen

Blau

Einführung

Was wäre die Welt ohne Farben?

Farbe macht das Leben bunter, reicher und schöner. Wir nehmen Farben ganz selbstverständlich wahr, ohne zu wissen, woher sie kommen und was sie bedeuten.

Erst bei der Idee, der Küche einen neuen Anstrich zu verleihen, stellt sich Frage: Was macht eigentlich Grün mit der Küche? Oder Rot? Farben verändern Räume, so viel wissen wir. Aber welche Wirkung hat eine grüne Wand konkret auf Kochen und Essen, auf die Stimmung, auf uns? Und welche Farbe wäre die Richtige?

Um diese Frage zu beantworten, sind unterschiedliche Faktoren zu beachten, die in jedem Farbkapitel berücksichtigt werden. Eine kleine Leseanleitung auf Seite 12 gibt Ihnen einen kurzen Überblick über den Aufbau jedes Kapitels. Los geht's. Bringen Sie Farbe in Ihr Leben!

Warum wir Farben sehen können

Tatsächlich ist die Welt farblos. Die eigentliche Farbempfindung entsteht im Gehirn. Wir sehen lediglich eine Fläche, die Lichtstrahlen reflektiert. Kurzwelliges Licht wird von Rezeptoren auf der Netzhaut in einen Reiz umgewandelt, den das Gehirn als »Blau« identifiziert. Langwellige Strahlen sehen wir rot, mittelwellige erscheinen grün. Dazwischen liegt das ganze Spektrum von Gelb, Violett, Orange, Hellblau, Braun und so weiter. Wenn eine Fläche kein Licht reflektiert, werden die Rezeptoren nicht angeregt und sie erscheint schwarz. Werden dagegen alle Sinneszellen auf der Netzhaut aktiviert, sehen wir weiß. Daher werden Schwarz und Weiß tatsächlich als Farben eingestuft, allerdings mit der besonderen Bezeichnung »unbunt«.

Ist Rot die Liebe und Grün die Hoffnung?

Farbe und Feng Shui Die Bedeutung von Farbe basiert auf unterschiedlichen Faktoren wie Kultur, Tradition und Erfahrung. Leuchtendes Blau war zum Beispiel schwer herzustellen und in Europa über lange Zeit die Farbe des Adels, das so genannte Königsblau. In China dagegen hatte der Indigo-Anbau eine uralte Tradition. Blau war gewöhnlich und die Farbe der Arbeiter.

Im Feng Shui, der jahrhundertealten asiatischen Lehre über das Leben in Harmonie mit der Umgebung, wird Farbe immer im Zusammenhang mit den Fünf Elementen betrachtet. Basierend auf den Elementen Holz, Feuer, Erde, Metall und Wasser, finden Sie eine Einteilung in fünf Farbkapitel, die sich um die Farben Grün, Rot, Gelb, Weiß und Blau ranken. Zum besseren Verständnis dient eine kurze Einführung in das Thema »Fünf Elemente«.

Mut zur Farbe ist leicht gesagt, und im Renovierungsrausch ist eine Wand schnell gestrichen. Bevor Sie zum Pinsel greifen, nehmen Sie sich die Zeit, den Raum eingehend zu prüfen. Der Raumzuschnitt, die Belichtungssituation, die Nutzung, der entsprechende Lebensbereich im Bagua (Seite 12), sogar Ihre Persönlichkeit sind wesentliche Faktoren, die bei der Farbauswahl eine Rolle spielen sollten.

Die Fünf Elemente Die Fünf Elemente bezeichnen fünf Energiephasen, die fließend ineinander übergehen. Der Begriff Element ist missverständlich, da er den Anschein eines statisch-materiellen Zustands erweckt. Die Elemente sind vielmehr Wandlungsphasen, die sich zyklisch abwechseln. Sie kommen in jeder zeitlichen Abfolge zum Ausdruck, im Tagesablauf, im Jahresablauf, bestimmten Entwicklungsphasen oder Projektstadien. Jedes Element beschreibt eine spezifische Energie. So ist beispielsweise am Morgen, im Frühling oder in der Kindheit eine dynamische, aufwärtsstrebende Kraft am Werk, die als Holzenergie bezeichnet wird. Am Abend dagegen wirkt eine zusammenziehende, nach innen gekehrte Kraft, die Metallenergie. Zusammengenommen sind die Fünf Elemente ein Abbild aller Phänomene der Natur und des Lebens. Sie wirken auch beim Menschen und im Zuhause. Mit jedem Element werden Formen, Materialien, Farben, aber auch Lebensthemen, Charaktertypen, Qualitäten und Emotionen verbunden.

Die Elemente bilden einen Kreislauf, der den stetigen Wandel verdeutlicht. Sie gehen fließend ineinander über, erzeugen und ernähren einander. Dieser Zusammenhang wird Schöpfungszyklus genannt und dient dazu, ein Element zu stärken. Die Abbildung zeigt die Flussrichtung. Holz wandelt sich in Feuer. Also dienen alle Grüntöne dazu, das Element Feuer zu unterstützen.

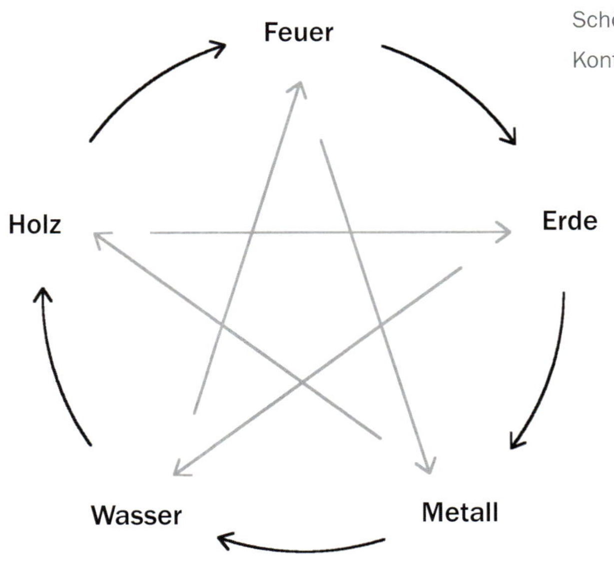

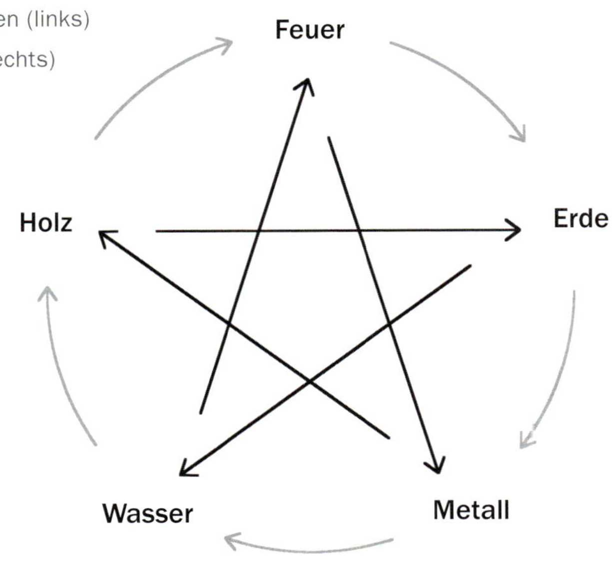

Schöpfungszyklus außen (links)
Kontrollzyklus innen (rechts)

In dieser Abfolge steckt ein großes Potenzial. Denn anders betrachtet, entzieht jedes Element seinem Vorgänger Kraft. So wird übermäßige Energie abgeleitet. Das Holz entnimmt seine Kraft dem Wasser. Somit schwächen auch alle Grüntöne das Element Wasser.

Gleichzeitig kontrolliert jedes Element ein anderes und dämmt sein Potenzial ein. Diese Abfolge wird als Kontrollzyklus bezeichnet und kommt zum Einsatz, wenn Sie ein stark ausgeprägtes Element begrenzen wollen. In der Abbildung bildet dieser Kreislauf ein Netz innerhalb des Systems. Metall grenzt das Holz ein, daher wird die Holzenergie mit den Farben Weiß, Grau, Silber und Gold geschwächt.

Farbzyklus der Fünf Elemente

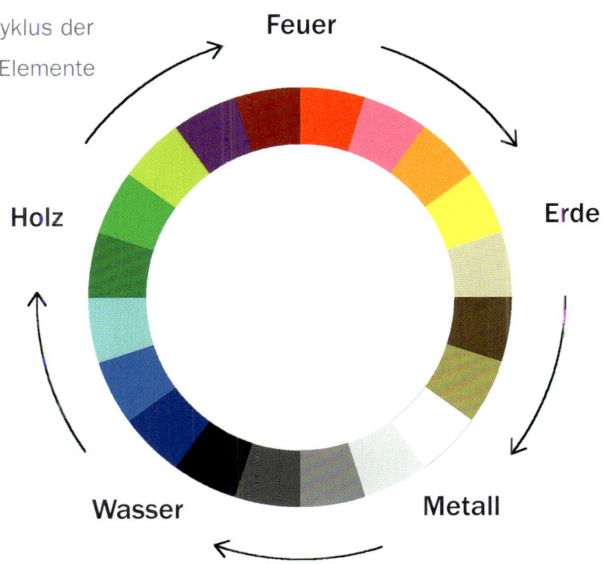

Home sweet Home

Das Zuhause ist uns heilig Zu Hause ist unser ganz privates Reich. Hier bestimmen wir, wer und was uns ins Haus kommt. Wir haben uns ganz nach unseren Wünschen, Bedürfnissen und Vorlieben eingerichtet. Persönlicher geht es nicht.

Das Zuhause ist unser sicheres Nest. Hier können wir uns fallen lassen und Gefühle zeigen, die wir nach außen manchmal verbergen. Während wir in der Welt da draußen selbstbewusst und beherrscht auftreten, liegt dieser Ort hinter der Fassade und entspricht unserer Innenwelt, im Gegensatz zur Außenwelt. Deshalb ist das Zuhause ein Abbild des Inneren. Es erzählt Ihre ganz persönliche Geschichte.

Die eigenen vier Wände öffnen uns die Augen Ganz nüchtern betrachtet, ist das Zuhause ein sichtbares Ergebnis unserer Ziele, Prioritäten, Werte und unseres Geschmacks. Es sagt etwas über uns aus, denn was wir denken, projezieren wir nach außen. Gedanken schaffen Realität – auch auf der Ebene der Einrichtung. Ändern wir die Perspektive, geben Räume sogar Hinweise darüber, wer wir sind und wie wir ticken. Allerdings nur, wenn wir bereit sind, aufmerksam und neugierig hinzuschauen. Dann erscheint das Zuhause in einem ganz neuen Licht. Es wird zum Spiegel unseres Lebens. Nutzen Sie diese Sichtweise, um Ihr Zuhause entsprechend Ihren Wünschen und Zielen zu gestalten und so zu wohnen, wie Sie wirklich leben wollen.

Das Spielfeld für ein glückliches Leben

Das Bagua Das Bagua ist eine Karte, die auf den Grundriss gelegt wird. Sie dient dazu, das Zuhause zu analysieren. Das Bagua ist unterteilt in neun gleich große Felder, die nach den neun Themen Karriere, Partnerschaft, Familie, Reichtum, Gesundheit, Hilfreiche Menschen, Kinder, Wissen und Ruhm benannt sind.
Dieser »Bagua« genannte Plan wird mit Ihrem Grundriss in Beziehung gesetzt. Wie das genau funktioniert, erklären wir im Anschluss.

Das Bagua befasst sich mit der Energieverteilung im Zuhause und verbindet ein bestimmtes Energiepotenzial mit einem Lebensbereich, einem Element und damit bestimmten Farben. Der Bereich Kinder ist beispielsweise dynamisch und wird mit Kindern, Lebensfreude, und Kreativität verbunden. Hier passen die Farben Weiß, Grau, Gelb und Orange.

Das Bagua

Reichtum	Ruhm	Partnerschaft
Familie	Gesundheit Tai Chi	Kinder
Wissen	Karriere	Hilfreiche Menschen

In jedem Bagua-Bereich gibt es Farben, die besonders gut passen.

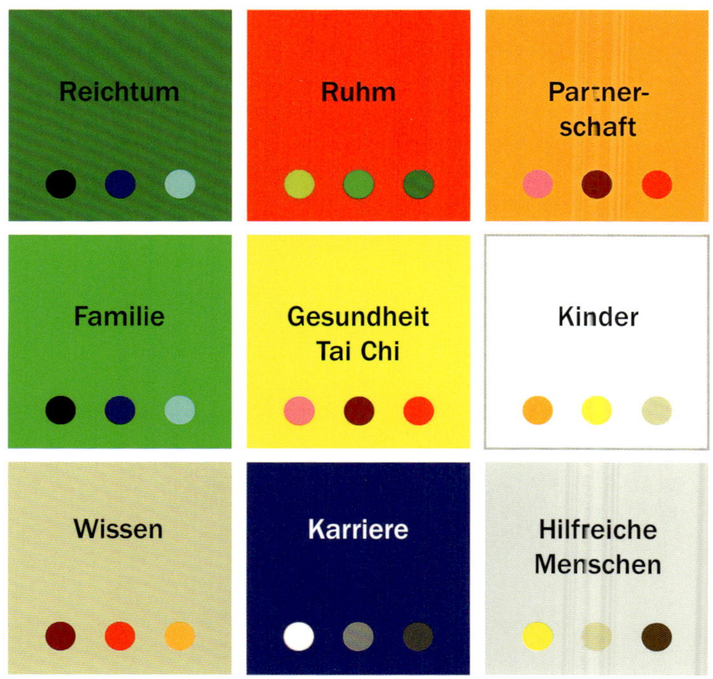

So werden Sie das Bagua an Dazu legen Sie das 9-Teile-Raster so auf Ihren Grundriss, dass der Eingang an der Seite von Wissen, Karriere und Hilfreiche Menschen liegt. Dann passen Sie es an, denn die wenigsten Grundrisse sind schließlich quadratisch: Sie dehnen das Bagua-Raster entsprechend und legen es genau auf die äußere Begrenzung Ihres Grundrisses, sodass neun gleich große Rechtecke entstehen.

Grundrissbeispiele

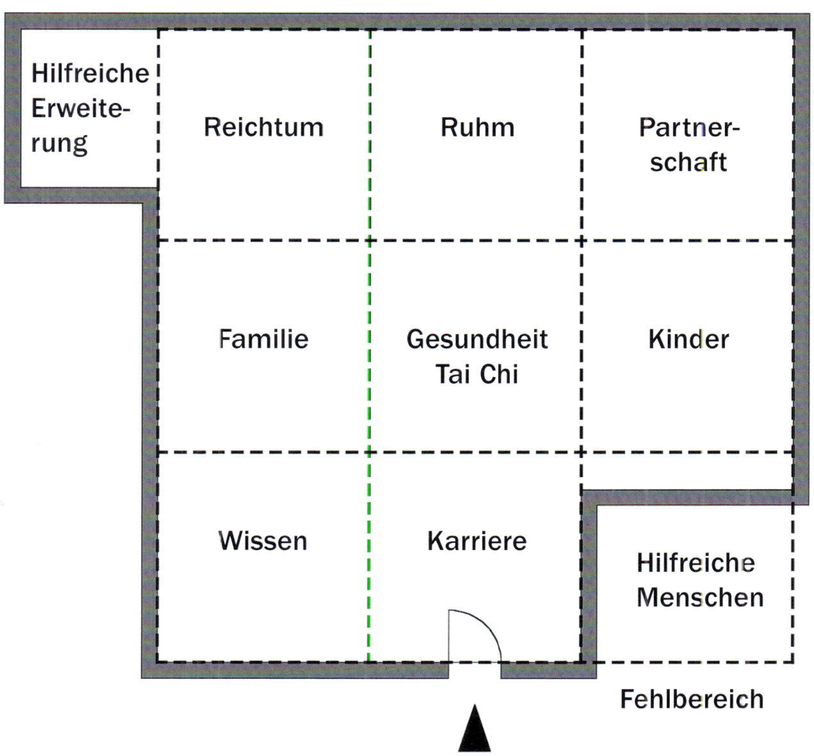

Nun sind viele Grundrisse gar nicht rechteckig, sie haben Einschnitte oder Ausbuchtungen. Abhängig von ihrer Ausdehnung, ihrer Größe werden diese entweder als Fehlbereiche oder als Erweiterungen gewertet. Dafür gilt die 50-Prozent-Regel: Ist die Breite/Länge des hervorstehenden Teils kleiner als die Hälfte der Breite/Länge des Hauptteils, dann gilt er als hilfreiche Erweiterung, ist er größer, entsteht ein Fehlbereich.

Im Obergeschoss Ihres Zuhauses wird das Bagua neu ausgerichtet. Hier liegt die Grundlinie mit den Feldern Wissen, Karriere und Hilfreiche Menschen parallel zur letzten Treppenstufe.

Alles, was Sie jetzt brauchen, ist ein Plan Ihrer Wohnung oder Ihres Hauses. Los geht's!

Wohin mit der Farbe?

Individuelle Farbgestaltung Wer Farbe richtig einsetzt, kann die Energie im Raum positiv beeinflussen und damit Wohlbefinden und Vitalität steigern und einen wachen Geist fördern.

Doch was heißt schon richtig? Farbe muss zum Raum und zu den Menschen passen, die darin leben. Dabei gilt es zu beachten,

1. wie hell und wie groß ein Raum ist,
2. welche Funktion er hat und ob diese Yin oder Yang, also passiv oder aktiv ist,
3. welches Feld er im Bagua belegt
4. und welches Element beziehungsweise welche Qualitäten Sie stärken wollen.

Wenn Sie die Farbe individuell auf Raum und Mensch abstimmen, ist sie mehr als hübsche Dekoration, sondern kann zu einem ganz neuen Lebensgefühl beitragen. So werden Ihre vier Wände zu einer Quelle der Energie.

Alles ist eins Auf der Ebene von Energie sind wir alle eins. Egal, wie fest und massiv sich Gegenstände anfühlen, ist wissenschaftlich erwiesen, dass alle Materie aus kleinsten Teilchen besteht. Wir sind Energie inmitten von Energie und daher mit unserer Umgebung verbunden. Jede Veränderung im Umfeld bewirkt ein neues Energiefeld und beeinflusst damit Leben und Wohnen. In der chinesischen Lehre des Feng Shui wird diese Energie »Chi« genannt. Chi bedeutet Atem oder Geist. Das Chi durchdringt alles. Es verbindet die materielle mit der geistigen und emotionalen Welt. Je lebendiger und frischer diese Lebensenergie, umso erfüllender das Umfeld.

Sie können die Lebensenergie Chi nicht sehen, aber spüren. Wenn Sie sich an einem Ort richtig wohlfühlen, ist die Energie im Fluß. Farbe verleiht dem Chi neuen Schwung, damit Sie in Ihrem Zuhause viel frische Energie tanken.

THE SARI

Grün

Ein Stück Natur im Haus

Alles über die Farbe Grün

Willkommen im Grünen. In diesem Kapitel zeigen wir Ihnen Innenräume in Varianten der Farbe Grün. Sehen Sie selber, wie Grün wirkt.

Grün ist die Farbe der Natur und insbesondere der Pflanzenwelt. Die Natur ist ein Symbol für das Leben und für natürliches Wachstum. Ein Ausflug ins Grüne ist pure Erholung, wenn wir angestrengt und überreizt sind. Die bepflanzte Fensterbank, der Balkon oder die Farbe an der Wand holen ein Stück Natur ins Zuhause, damit wir auch hier von ihrer belebenden Wirkung profitieren.

Im Feng Shui gehört Grün zum Element Holz. Die besondere Holz-Energie macht sich auf ganz unterschiedliche Arten bemerkbar: in Naturerscheinungen, in Gedanken und Gefühlen und auch materiellen Dingen. Sie zeigt sich in der Himmelsrichtung Osten, in der Jahreszeit des Frühlings, im Sonnenaufgang – und eben auch ganz konkret im Material Holz und in der Farbe Grün. Bei den Menschen wirkt sich die Holzenergie auf ihre Lebenskraft, Kreativität, Weiterentwicklung und den Umgang mit dem Gefühl der Wut aus.

Hier spielt das Element Holz die Hauptrolle. Das Material Holz in Boden, Wand, Möbel und dazu der grüne Wandanstrich verleihen dieser Diele ihren zünftigen und naturverbundenen Charakter. Typisch für ein Holzhaus, wie es auf dem Land zu finden ist – und übrigens häufig in der Umgebung von Wäldern und Seen. Denn ein wasserbetontes Umfeld ist stärkend für ein Holzhaus, da das Element Wasser das Holzelement ja fördert. Und so sollte es sein. Wer ein Haus baut oder auch eine Wand streicht, sollte darauf achten, dass er das in Einklang mit der Umgebung tut. Also: Passt die Farbe zum Raum, zum Bewohner oder auch zu dem jeweiligen Lebensbereich? Dazu mehr in diesem Kapitel.

Grün macht Lust auf Neues, belebt und bringt frischen Wind. Immer wenn etwas Altes vergeht und Neues ansteht, passt die Holzenergie. Alternativ zur Farbe lässt sie sich auch in Formen, Bildern und Materialien integrieren. Aufstrebende Formen (hohe Stuhllehne und die Stehlampe), Pflanzen in natura oder Bildern (Tapete) und auch Materialien wie Korb, Baumwolle, Sisal gehören genauso zum Element Holz wie die Farbe Grün.

Grün ist also frische Wachstumsenergie. Und die kommt besonders im jungen Leben zum Ausdruck: Kindheit und Jugend sind ausgeprägte Holz-Phasen. Körperliches Wachstum und die Ausbildung der Persönlichkeit stehen im Vordergrund. Auch in unserem Sprachgebrauch hängen »grün« und »jung« zusammen. »Grüne Jungs« sind jung und unerfahren. Grünes Obst ist unreif und grüner Wein jung und unausgegoren. Und grüner Tee? Ist, im Gegensatz zum Schwarztee, nicht fermentativ verändert und daher besonders natürlich.

Die Energie des Neubeginns

Das Element Holz

Grün ist die Farbe des Elements Holz. Um die Bedeutung der Farbe Grün zu erklären, machen wir einen Umweg über das Element Holz und erklären, was dieses Element mit unserem Leben zu tun hat.

Wenn im Frühling die ersten grünen Triebe die Schneedecke durchbrechen, wenn mit dem Schrei eines Neugeborenen ein neues Leben beginnt, liegt etwas Besonderes in der Luft – pure Lebenskraft und die Energie des Neubeginns. Die gleiche Kraft findet sich im Anfang jedes Entwicklungsschritts, eines Projekts, in der neuen Partnerschaft und im frisch begonnenen Job. Eng damit verbunden sind Eigenschaften wie Kreativität, Mut, Vitalität und Flexibilität.

Holzenergie bedeutet zu wachsen und sich weiterzuentwickeln, heiter sich dem Neuen zuzuwenden und mit Ausdauer, Durchsetzungsvermögen und Zielstrebigkeit seine Ziele zu verwirklichen.

◀ Tür auf, herzlich willkommen! Das Allerwichtigste in der Diele ist eine einladende Atmosphäre. Der erste Eindruck zählt – hell und freundlich oder düster und chaotisch? Dieser erste Impuls stellt die Weichen für Ihre Stimmung – und die Ihrer Gäste. So betreten Sie Ihr Zuhause. Und wenn die Wohnung ein Bild Ihrer Persönlichkeit ist, dann zeigt der Hauseingang einiges über Ihren Kontakt zur Welt. Sind Menschen hier willkommen, sind Sie Neuem gegenüber aufgeschlossen, dann präsentiert sich Ihr Hauseingang hell und einladend, wie auf dem Foto.

▼ Wer Lust auf Grün hat, jedoch nicht gleich eine ganze Wand einfärben möchte, kann auch mit einem grünen Teppich ein Fleckchen Wiese in sein Wohnzimmer bringen. Teppiche sind nicht nur warm und weich für die Füße, sie können auch den Raumeindruck verändern. Jeder Materialwechsel am Boden lenkt die Aufmerksamkeit Und weil sich die Energie im Raum entsprechend verhält beeinflusst ein Teppich auch das Chi, jene Energie, die in allem und jedem fließt. Der runde Teppich kann einen unbelebten, vielleicht dunklen Bereich erfrischen und genauso einem einsamen Sessel im Raum mehr Halt verleihen.

Grün ist eine Yin-Farbe

Grün belebt, ohne aufzuregen. Grün ist stärkend und gleichzeitig beruhigend für die Sinne. Scheinbar widersprüchlich, da das Element Holz, wenn wir an seine Verbindung zum jungen Leben denken, über dynamische Kräfte verfügt. Dennoch ist Grün als Farbe eher kühl. Es erfrischt heiße Räume und lässt uns entspannt durchatmen. Grün wirkt ausgleichend und stabilisierend auf das Immunsystem und hilft, Stress abzubauen.

Allerdings ist die Palette der Grün-Töne weit. Je kräftiger die Farbe, desto aktiver, je größer der Gelb-Anteil, desto anregender, wie zum Beispiel ein leuchtendes Apfelgrün.

Ein zartes Grün beruhigt, genauso wie ein dunkles Grün. Hier überwiegt besagte Yin-Qualität. Beide Farbtöne lassen sich gut in Räumen einsetzen, die ruhig sind oder werden sollen, wie das Schlafzimmer oder das Bad.

Kein Stress, nur Grün

◖ Ganz anders wirken diese Grün-Varianten im modernen Bad. Nichts mehr von Ruhe und Zurückhaltung – hier ist eine dynamische und aktive Energie präsent. Die sorgt für einen guten Kräfteausgleich, denn Wasser fließt abwärts, Holz wächst aufwärts. So verwandelt der expressive grüne Anstrich die Wasserenergie in lebendige, vitale Wachstumsenergie – in diesem Fall noch verstärkt durch die Belichtung von oben und die vertikalen Streifen.

Mit der Farbe Grün mit dem Element Holz unterstützen Sie auch diese Qualitäten:

Neuanfang Kreativität

Flexibilität Bewegung Tatendrang

Holz Vitalität Orientierung Mut

Ausrichtung

Abenteuer

Spontaneität Aufbruch

Wachstum Durchsetzungsvermögen

Übersicht Lebendigkeit Optimismus

Heiter & gut gelaunt

Grün im Esszimmer

Essen ist eine gesellige Angelegenheit. Beim Essen finden oft die schönsten Gespräche statt. Wer kennt das nicht, dass alle am Tisch bleiben und das Sofa leer ausgeht? Wie soll Ihr Essplatz sein? Ruhig oder eher lebendig oder sogar ausgelassen? Lieber behaglich oder klar und reduziert? Mit Grün geben Sie Ihrem Essplatz einen heiteren Anstrich. Bewegung liegt in der Luft, und Ihre Gespräche sind lebendig und kreativ.

Ein ganz und gar fröhlicher Essplatz. An diesem Tisch werden selten Probleme gewälzt, hier wird gut gelaunt in den Tag gestartet. Ein besonderer Wesenszug der Farbe Grün ist seine positive Lebenseinstellung. Grün verbreitet Optimismus. Denn die Energie Holz, die ja für den Frühling und für natürliches Wachstum steht, ist voller Bewegung und Tatendrang. Eine Naturerscheinung, die mit dem Holz verbunden wird, ist der Donner. Diese laute und explosive Kraft vermag es, einen Stillstand wieder in Schwung zu bringen, und zwar mit unbändiger Kraft. Mit dem Holz oder auch der Farbe Grün kommt der Lebensfluss in Bewegung. Und Bewegung tut gut, ist sogar heilsam. Ein Spaziergang an der frischen Luft hält fit und vertreibt schnell eine düstere Stimmung. Und eine grüne Wand weckt Lebensfreude und Zuversicht.

Nicht nur die Matratze zählt

Grün im Schlafzimmer

Im Schlafzimmer laufen alle Fäden zusammen. Wer gut schläft, beginnt den Tag mit neuer Kraft. Wer sich nachts erholt, bleibt gesund. Wer fit ist, kann besser arbeiten. Den wenigsten Menschen ist diese Bedeutung des Schlafzimmers bewusst. Nicht nur die Matratze ist wichtig, sondern die gesamte Einrichtung des Raums. Und dazu zählt auch die Farbe an der Wand.

Beim Grün spielt die Intensität eine entscheidende Rolle. Zwei Schlafzimmer, beide in Grün, und doch sehr unterschiedlich. Die mintgrüne Wand wirkt sanft und beruhigend, die grasgrüne quirlig und anregend. Für das Schlafzimmer empfehlen wir die zarte Variante.

▸ Ein helles Grün ist rundum erholsam. Wer Lust auf das belebende Grün verspürt, kann sich der Farbe auch mit Stoffen und Accessoires nähern. Das ist grundsätzlich eine gute Methode, sich mit einer Farbe vertraut zu machen. Ein Vorhang ist schnell ausgewechselt, ein neuer Anstrich dagegen braucht schon mehr Aufwand. Gleichzeitig erfüllen weiche Formen und Materialien den Wunsch nach Sicherheit und Sinnlichkeit im Schlafzimmer. Scharfe Kanten stören. Wählen Sie also lieber Vorhänge als ein Metallrollo, lieber einen kuscheligen Teppich als einen Sisalvorleger.

◂ Das kräftige Grün mag für manchen zu anregend sein, doch eine Wirkung hat Grün immer: Es bringt frischen Wind. Und über den freut sich so manche Partnerschaft.

Im Schlafzimmer bevorzugen die meisten warme Materialien. Daher raten wir eher zu Holz- oder stoffbezogenen Betten. Denn Metallgestellte fangen energetische Störungen auf, das ist nächtens nicht empfehlenswert. Aus dem gleichen Grund werfen Sie am besten auch den Fernseher raus – selbst wenn es gemütlich ist, die Lieblingsserie im Bett zu schauen. Und die Fitnessgeräte, die hier so gern geparkt werden, gleich hinterher! Ins Schlafzimmer gehört kein Gerümpel, keine Schmutzwäsche, kein Wäscheständer, keine Kisten unter dem Bett. All das bringt nur Unruhe und stört den entspannten Schlaf.

Von der Nasszelle zur Wohlfühloase

Grün im Badezimmer

Bäder werden im Feng Shui oft als schwierige Räume betrachtet. Das sind sie vor allem dann, wenn sie, wie so häufig, aufs Minimum reduziert, dunkel und lieblos behandelt, ein Schattendasein fristen.

Das Bad sollte erfrischend, warm und wohltuend sein, ein Raum, den Sie gern betreten. Die Farbe Grün und das Material Holz sind ein perfekter Ausgleich zum Wasser, das ja im Bad reichlich vorhanden ist. Je nach Farbton wirkt Grün erfrischend, beruhigend oder sogar meditativ.

Grün ist die Farbe des Aufbruchs. Der Tag kann kommen!

Frisch und freundlich präsentiert sich dieses Bad, und die grüne Farbe ist so erholsam wie ein Ausflug ins Grüne. Vielleicht genießen Sie sogar von der frei stehenden Wanne aus den Blick in den Himmel. Wenn Ihr Bad von außen einsehbar ist, dann sorgen Sie mit Vorhängen oder Rollos für die nötige Privatheit. Insbesondere Vorhänge sind eine schöne Möglichkeit, einem kühlen Bad einen wohnlichen Anstrich zu verleihen.

In einem hellen, sonnigen Raum ist die olivgrüne Wand kein Problem. Im düsteren Zweckraum kann diese Farbe leicht modrig wirken. Die besondere Wanne ist gut platziert. Wer gern badet, wird diesen Kraftplatz genießen. Denn in der Wanne liegen Sie ebenso sicher wie auf dem Sofa. Mit der Tür im Blick und einer Wand im Rücken wird dies ein wunderbares Badevergnügen.

Je dunkler eine Farbe, desto näher verwandt ist sie mit Schwarz. Ihre Wirkung bewegt sich dann in Richtung des Elements Wasser. Nicht verwunderlich, dass dieses tannengrüne Badezimmer fast meditativ und zurückgezogen wirkt. In jedem Bad, und besonders bei kräftigen und dunklen Farben, ist eine gute Belichtung wichtig. Sie sollte möglichst hell sein, dabei blendfrei und sich oberhalb oder seitlich des Spiegels befinden. Zu einem erfreulichen ersten Blick in den Spiegel tragen Leuchten mit Tageslichtcharakter bei. Ein großer Spiegel, wie auf dem Foto, multipliziert zusätzlich das Licht.

Glücklicher Koch, gutes Essen

Grün in der Küche

Eine schöne Küche macht den Koch glücklich, wer glücklich ist, kocht leckeres Essen, und gutes Essen macht gute Laune. Wenn uns etwas Sorgen macht, sagen wir: »Das liegt mir schwer im Magen«, andererseits wissen wir: »Liebe geht durch den Magen.« Keine Frage, Essen hat einen entscheidenden Einfluss auf unser Lebensgefühl. Und das schenkt der Küche eine zentrale Bedeutung im Zuhause. Hier vermittelt die Farbe Grün zwischen dem Feuer- und dem Wasser-Element (Herd und Spüle), sorgt für Ausgewogenheit und dafür, dass sich der Koch in der Küche wohlfühlt. Sie erinnern sich – ein glücklicher Koch kocht gutes Essen.

◗ Der Frühling kann kommen. Die Assoziation der Farbe Grün zum Kreislauf des Lebens und zu dieser beliebten Jahreszeit macht Grün zu einer populären Wohnfarbe. Der Tresen trennt die Küche vom Wohnraum, gleichzeitig kann man in Gesellschaft kochen und auch mal etwas ungespült liegen lassen. Da ist die halbhohe Trennung eine perfekte Lösung.

◖ Diese Wand sprüht vor Leben. Im kräftigen Apfelgrün offenbart sich die ganze Lebenslust dieser naturverbundenen Farbe. Die kreative Ader der Farbe Grün überträgt sich gelegentlich auch aufs Kochen. Bestimmt kommt öfter mal etwas Neues auf den Tisch.

Ein ganz neuer Blickwinkel

Je mehr gelbe Farbe Sie unter das Grün mischen, umso mehr verliert sich die Frische hin zu einem warmen und erdigen Ton. Der Farbeindruck ist völlig verändert. Hier ist eine gute Beleuchtung extrem wichtig, denn sonst wirkt so ein olivgrüner Anstrich schnell schimmelig und kränklich.

Grün im Arbeitszimmer

Grün hat eine impulsive und eine umsichtige Seite. Grün schenkt neue Impulse. Wenn Sie sich beruflich umorientieren wollen, kann Grün ungeahnte Perspektiven eröffnen. Gleichzeitig hilft die Farbe Grün, am Ball zu bleiben und produktiv auf ein Ziel hinzuarbeiten. Denn die stürmische Anfangsenergie ist häufig schnell verraucht. Für tiefgreifende Veränderungen und eine dauerhafte Entwicklung braucht man Ausdauer und manchmal einen langen Atem.

Grün passt für alle, die Lust auf neue Anregungen haben. Besonders ein frisches Frühlingsgrün fördert den nötigen Ideenreichtum, inklusive Mut und Ausdauer für die Umsetzung. Ihre Ideen, Ziele und Visionen haben Sie an diesem Schreibtisch gut im Blick. Visualisierte Ziele sind wie ein Anker in die Zukunft. Hier ist Platz für besondere Reiseziele, Bilder von Ihrem Traumhaus oder einfach ein paar farbige Ideen für Ihr Zuhause.

Noch ein einfacher und wirkungsvoller Tipp für den Schreibplatz ist, sich selbst anstelle des Tischs den Platz an der Wand zu gönnen. Mit der Wand im Rücken und einem guten Überblick über Raum und Tür lässt es sich wesentlich besser arbeiten.

HOME
growing
Woodland Ferns
BINO RESIDENCE
DONAL RESIDENCE

Der klassische Eames-Chair im grünen Kleid wirkt erfrischend, ohne die Schlichtheit eines modernen Wohnzimmers zu stören. Auch in Akzenten bringt Grün Abwechslung, und besonders in Kombination mit Weiß wirkt es luftig und leicht.

Grün im Wohnzimmer

Wohnzimmer sollen hell und freundlich sein, mit jeder Menge Platz für Familie und Freunde. Fühlen sich hier alle Familienmitglieder wohl, stärkt das Wohnzimmer den Zusammenhalt in der Familie, den Kontakt zu Freunden und ganz allgemein die Nähe zu Menschen. Die Farbe Grün und die Familie passen gut zusammen. Ihre Natur ist zu wachsen, sich zu vergrößern und auszudehnen.

Treffpunkt Wohnzimmer

Dieses Regal ist kein Stauraum, sondern Ausstellungsfläche. Luftig verteilt, kommen diese Schätze vor der grünen Wand gut zur Geltung – wie Farbtupfer auf einer grünen Wiese. Das Wohnzimmer ist genau richtig, um besondere Gegenstände, Bilder und Kunst zu präsentieren. Denn es gehört zu den öffentlichen Räumen Ihres Zuhauses. Wenn Gäste, dann hier. Das Wohnzimmer sagt: So wohne ich, so bin ich, so will ich mich der Welt zeigen.

In Kombination mit Goldgelb und Pink wirkt Grün jung, fröhlich und warm. Optimal gewählt ist die Position des Sofas. Die Wand im Rücken schenkt Sicherheit, und der Ausblick in den Garten inspiriert. Haben Sie auch Übersicht über den gesamten Raum inklusive der Tür, hat Ihr Sofa den Kraftplatz im Raum eingenommen. Das ist ein Platz, der Energie spendet, an dem Sie Ihre Akkus aufladen und sich rundum wohlfühlen.

With Love
ZOO

Seinen Weg finden

Grün im Kinderzimmer

Die Kindheit steht unter dem Stern der Holz-Energie. Alles ist auf Wachstum ausgerichtet. Täglich geht es darum, Neues zu entdecken und zu lernen. Dabei ist die Energie der Kinder grenzenlos. Sie brauchen viel Bewegung und viel Input. Ruhig und kraftvoll unterstützt die Farbe des Holzes ihre körperliche und geistige Entwicklung und vor allem das Reifen ihrer Persönlichkeit.

Die Farbe Grün unterstützt Menschen darin, mutig für ihre Meinung einzustehen. So wie die Natur, wachsen und verändern sich Kinder und Jugendliche stetig. Das Prinzip Wachstum berührt Themen wie Grenzen, Durchsetzung, Anpassung und Flexibilität. Die Farbe Grün unterstützt uns darin, einen Weg zwischen Abgrenzung und Anpassung zu finden, das rechte Maß zwischen Neinsagenkönnen und Mitspielen. Ein echte Herausforderung – nicht nur für Kinder!

Kinderzimmer sind multi-funktional. Aktivitäten, die sonst auf viele Räume verteilt werden, konzentrieren sich hier auf wenige Quadratmeter. Platz zum Spielen, Schlafen, Arbeiten und für Spielsachen, all das muss das Kinderzimmer bieten. Und dabei wollen auch Kinder nicht vom Bett aus auf ihren Schreibtisch und ihre unfertigen Hausaufgaben schauen. Der Platz zum Spielen ist am besten im hellen Bereich des Zimmers untergebracht, die ruhige Nische ist günstig zum Schlafen. Das macht die Gestaltung im Kinderzimmer mitunter schwierig. Am wichtigsten ist guter Schlaf, von dem auch Sie profitieren: Das Bett ist am besten in einer Ecke aufgehoben, von der aus Tür und Raum gut einsehbar sind. Das helle Mintgrün ist eine ruhige Farbe und trägt zu Entspannung und Ausgleich bei.

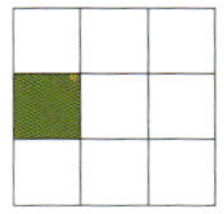

Grün ist eine förderliche Farbe für den Bagua-Bereich Familie. Dieser Bereich liegt vom Eingang aus gesehen in der Mitte links.

Die liebe Familie

Grün und der Bagua-Bereich Familie

Dieser Bereich befasst sich mit dem großen Thema Familie. Die Familie, das Element Holz und die Farbe Grün eint ein gemeinsames Prinzip: das Wachstum.

Unsere Wurzeln sind weit verzweigt – der Stammbaum ist ein Bild dafür. Kinder treiben das Wachstum der Familie voran, in jeder Hinsicht. Sie vergrößern sie und beschleunigen die Weiterentwicklung der Eltern. Unsere Eltern und Großeltern wiederum stehen für unsere Wurzeln, für viele Menschen ein großer Rückhalt.

Mit der Familie ist das eine merkwürdige Sache. Die meisten von uns haben den Anspruch, Familie müsse man bedingungslos lieben. Aber dann ist da diese nervige Tante ... Verwandte sind auch nur Menschen, die Sie mögen oder auch nicht. Worum es geht: Dass Ihre Beziehungen geklärt sind und Sie die Grenzen setzen, die Sie setzen wollen. Worum es nicht geht: Dass Sie sich möglichst häufig sehen. Denn die Gleichung »Je mehr gemeinsame Termine, umso inniger das Verhältnis« funktioniert nicht immer gut. Was Ihre Eltern definitiv verdienen, ist Dankbarkeit, denn ohne sie gäbe es Sie nicht.

ENERGIE FÜR DEN BEREICH FAMILIE

Pflanzen • frische Blumen • Bilder von Pflanzen • Zimmerbrunnen • Aquarium • Familienfotos • Bilder von Sonnenaufgängen • Frühlingsmotive

▸ Die Vergangenheit lässt sich nicht einfach abschütteln. Wir nehmen sie mit, auch wenn wir manchmal viele Kilometer zwischen uns und unsere Familie bringen. Leben wir in Streit und Vorwürfen, kostet uns das enorm viel Energie und verhindert den Blick nach vorn in unsere Zukunft. Daher ist Frieden mit der Vergangenheit die Voraussetzung, wenn wir etwas Neues beginnen wollen. Zum Lebensbereich Familie passen natürlich Familienfotos. So machen Sie Menschen in Ihrem Zuhause präsent. Aber bitte nur die, die Sie lieben.

▸▸ Kinderzimmer und Wohnzimmer passen gut in den Familienbereich und in jeder Hinsicht zur Farbe Grün. Warum? Ein Kind macht aus einem Paar eine Familie, und das Wohnzimmer ist der Familienraum schlechthin. Die grüne Wand im sonnigen Wohnzimmer wirkt jung und unkompliziert und hilft Ihnen, so manche Dinge spielerisch anzugehen. Was das Thema Familie angeht: Die Farbe Grün in diesem Lebensbereich bringt, wie immer, etwas in Bewegung und kann auch in schwierigen Familiensituationen einen Klärungsprozess in Gang setzen.

▸ Blumen strahlen vor natürlicher Schönheit. Wir verschenken sie als Zeichen der Anerkennung und Dankbarkeit. Wir schmücken mit ihnen unser Zuhause und machen Räume bewusst schön. Wussten Sie, dass Sie damit auch dem jeweiligen Lebensbereich Gutes tun? Die frischen Blumen im Familien-Bereich sind ein Ausdruck Ihrer Dankbarkeit gegenüber Ihren Ahnen und Sprösslingen.

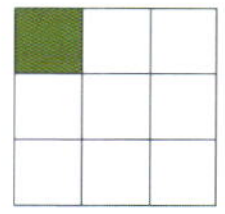

Grün unterstützt den Bagua-Bereich Reichtum. Dieser Bereich liegt vom Eingang aus gesehen hinten links.

Wohlstand & Glück

ENERGIE FÜR DEN BEREICH REICHTUM

Pflanzen • frische Blumen • Bilder von Pflanzen • Zimmerbrunnen • Aquarium • Wasserbilder • wertvolle Gegenstände • Kunstwerke • Bilder, die Sie an Reichtum und Fülle erinnern

Was, wenn im Grundriss Ecken fehlen? Sie haben planmäßig das Bagua mit Ihrem Grundriss abgeglichen und festgestellt, dass ein Raum in Ihrem Zuhause fehlt, ausgerechnet Reichtum. Das Bagua ist wie ein Spielfeld. Wenn ein Teil fehlt, können Sie dort nicht sein. Wenn Reichtum fehlt, kann das bedeuten, dass dieses Thema für Sie im Moment keine Rolle spielt, oder dass Sie dieses Gebiet noch nicht mit allen Ihren Fähigkeiten und Möglichkeiten ausschöpfen. Um das zu ändern, ist ein grüner Anstrich an einer an diesen Bereich grenzenden Wand ein guter Start.

Grün und der Bagua-Bereich Reichtum

Geld ist für viele ein großes Thema im Leben. Im Zuhause hat Reichtum einen eigenen Bagua-Bereich, der auch mit dem Element Holz zusammenhängt. Ist Reichtum das dicke Bankkonto, Haus, Auto, Boot – oder Liebe, Kinder, Freunde, Glück? Die Antwort ist: beides. Reichtum ist finanzielle Fülle genauso wie Glücklichsein. Vielen Menschen mangelt es nicht an Geld, jedoch an innerer Erfüllung. Anderen wiederum fehlen eindeutig die finanziellen Möglichkeiten.

Im Feng Shui gibt es ein Bild für Reichtum, den Wind. Damit ist eine gleichmäßige und zielgerichtete Kraft gemeint, die Ordnung in das anfängliche Chaos bringt und die Idee umsetzt. Eine ähnliche Energie liegt dem Wachstumsprozess zugrunde. Mit der kontinuierlichen Brise, also Ausdauer, und einer klaren Ausrichtung entstehen Reichtum und Wohlstand. Der klärende Einfluss des Winds bewegt innere Erfüllung. Wenn der Wind die Wolken vertreibt und der Konflikt sich klärt, kehrt innerer Frieden ein.

Die Farbe Grün aktiviert jene beständige und beharrliche Energie und das nötige Durchhaltevermögen, um beides zu erreichen.

Grün, Rot, Gold – eine verheißungsvolle Kombination. Rot ist für Chinesen die Glücksfarbe, Gold ist kostbar und exklusiv und Grün äußerst belebend. In diesem Bild steckt viel Energie, die sich gut mit dem Lebensbereich Reichtum verträgt. Für alle, die sich bereichernde Erfahrungen jeder Art wünschen, ein guter Anstoß.

Sie können mittlerweile jedes Motiv an die Wand bringen. Fototapeten von Natur, Kunst oder sogar eigenen Aufnahmen machen die Wand zum Bild. Das Motiv und die Farben bestimmen die Wirkung. Mit Grün, Pflanzen und aufrechten Formen beleben Sie Räume mit jener Wachstumsenergie, die Sie für finanzielle Fülle und innere Klarheit nutzen können. Alles, was Assoziationen zu Wohlstand und Fülle weckt, macht Reichtum im Kopf präsent und setzt es in Ihrem Lebensplan nach ganz oben. Kunstobjekte, wertvolle Dinge, Blumen oder auch Bilder vom Traumhaus oder Urlaub halten Ihre Aufmerksamkeit für das Thema Reichtum wach.

Die Mutmacher-Farbe

Grün und Persönlichkeit

Werden und Wachsen sind die Hauptthemen des Elements Holz und der Farbe Grün. Daraus resultieren bestimmte holztypische Eigenschaften, die sich auch in der Persönlichkeit widerspiegeln.

Für den einen ist Neues aufregend und prickelnd, für den anderen bedrohlich und verunsichernd. Wir sind eben nicht alle gleich. Menschen mit ausgewogener Holz-Energie ist eine natürliche Neugierde zu eigen. Sie entdecken gern Neues, entwickeln sich weiter und sind dabei kreativ und mutig. Es fällt ihnen leicht, die Initiative zu ergreifen und für ihre Pläne tatkräftig einzustehen. Man könnte sagen, sie wissen, was sie wollen.

In Zeiten der Veränderung tut die Farbe Grün gut. Egal, ob sie persönlicher oder beruflicher Natur sind oder ob sie freiwillig oder unfreiwillig eingeläutet wurden. Grün weckt den Mut, alte Gewohnheiten über Bord zu werfen und inspiriert zu neuen Ideen.

Wie die Pflanze zum Licht, strebt die Holzenergie nach oben. Entsprechend zielstrebig wirken Menschen mit holzbetonter Persönlichkeit. Dabei handeln sie, wenn das Holz ausgeglichen ist, mit Rücksicht und Weitblick. Erst im Ungleichgewicht schleicht sich eine gewisse Ellbogen-Mentalität ein. Pflanzen gehören übrigens in jede Wohnung. Sie erneuern die Luft und verbessern das Raumklima. Wer zu Sturheit und wütenden Ausbrüchen neigt, hat reichlich dynamische Holzenergie. Für einen Ausgleich umgeben Sie sich lieber mit weniger Pflanzen und mehr Feuer-Energie.

Wir wollen einen Standpunkt vertreten, ohne rechthaberisch zu sein, und auch mal verlassen, ohne uns wie ein Blatt nach dem Wind zu drehen. Wo ist das rechte Maß? Unser Vorbild ist ein Baum, fest und biegsam zugleich. Wenn Menschen diese innere Stabilität und Flexibilität ausgewogen vereinen, haben sie den Mut, zu ihrer Meinung zu stehen, ohne die der anderen abzuwerten. Sie gehen Konflikten nicht aus dem Weg und sind auch bereit, sich anzupassen und mitzuspielen. Die Farbe Grün passt, wenn Sie das eine oder andere lernen wollen.

Zwischen Eigensinn & Desorientierung

▲ Menschen mit viel Holz-Energie können recht stur und starrsinnig auftreten. Sie sind konservativ und halten gern am Alten fest, gelegentlich auch, wenn ihre Meinung längst überholt ist. Wenn der Holz-Aspekt in der Persönlichkeit dominiert, sorgt das Element Feuer mit Flammen und Farbe für Ausgleich.

Holz-Energie im Ungleichgewicht

Wir wären gern ausgeglichen und immer die Ruhe selbst. Wir wollen selbstbewusst sein, mutig, zielstrebig, doch nicht zu sehr, und und und. Jeder hat so eine Liste im Kopf, wie und wer er sein sollte. Vieles lässt sich lernen, manches ist schon da und einiges können Sie auch über das Zuhause stärken.

Wenn Menschen zu viel Holz-Energie haben, sind sie leicht wütend, bis hin zu jähzornigen Ausbrüchen. Wenn sie zu wenig haben, dann behalten sie ihren Ärger für sich und gehen Konflikten lieber aus dem Weg. Es geht darum, mit dem Gefühl der Wut angemessen umzugehen. Wut ist nur ein Signal, das Sie auf Dinge aufmerksam macht, die nicht funktionieren. Sie ist dann gesund, wenn sie kommt und wieder geht. Jeder kennt das: Ein handfester Streit ist auch befreiend.

▸ Rot und Grün sind Komplementärfarben. Sie liegen einander im Farbkreis gegenüber und sind ein Farbenpaar, das den Sehsinn extrem anregt, weshalb wir Rot-Grün als eine anstrengende Kombination empfinden. Andererseits entsteht ein lebendiger Kontrast, der die Energie auch in eine dunkle Raumecke lenkt. Als Farbe des Elements Feuer ist Rot geeignet, um das Holz-Element zu mäßigen, also Menschen, die gar zu ehrgeizig ihre Ziele verfolgen, zu bremsen. Denn wenn aufgrund der eigenen Karriere der Blick auf die Mitmenschen abhanden kommt, ist definitiv zu viel Holz vorhanden.

das designbuch
MARLON BRANDO UND SEINE FILME
TASCHEN
magdalena droste
bauhaus
ROBYN KARNEY AUDREY HEPBURN Ihr Leben in Bildern
JOHN F. KENNEDY
MARILYN IN HER OWN WORDS

HOME
KETCHUP

Rot

Eine außergewöhnliche Persönlichkeit

Die Farbe Rot

Die Symbolik der Farbe Rot reicht weit zurück auf zwei Erfahrungen, die uns Menschen existenziell betreffen: das Blut und das Feuer. Beide stehen für Lebenskraft und Energie.

Auch in der chinesischen Tradition ist Rot die Farbe des Feuers – eines der Fünf Elemente, also eine von fünf Hauptenergien, die sich im Leben offenbaren. Zum Element Feuer und der Farbe Rot gehört alles Hochaktive: die Himmelsrichtung Süden, der Sommer, der Mittag, die Lebensmitte, das Feuer und die Emotionen Liebe und Hass.

In der Wohnung richtig dosiert, verbreitet Rot eine fröhliche Stimmung, regt die Sinne an und macht wach und aktiv. Räume werden warm und behaglich, als hätte man ein Feuer angezündet.

Ein leuchtendes Rot ist so intensiv, dass es auch im Kleinen seinen Zweck erfüllt. Wenige Tupfer genügen, um unsere komplette Aufmerksamkeit auf sich zu ziehen und eine freundliche und warmherzige Stimmung zu erzeugen. Ein paar Ideen für die Farbe Rot am Esstisch: rote Stühle, ein rotes Bild, eine rote Lampe, rote Tischdekoration oder rote Decke.

Die Kombination macht's. Das herzliche und warme Rot und das kühle, nüchterne Design der modernen Küche sind ein gutes Paar. Kräftige Farben eignen sich grundsätzlich gut für Durchgangsbereiche, Flure und unbelebte Zonen. Gerade, weil diese keine Aufenthaltsqualität haben, werden sie häufig vernachlässigt. Mit der Farbe Rot kann man Dielen und andere Verbindungsräume auf angenehme Weise mit Leben erfüllen.

Besonders im Hauseingang und im Wohnzimmer entfaltet die Farbe Rot ihr größtes Potenzial. Sie zeigt sich herzlich und einladend. Damit öffnen Sie nicht nur die Tür für Menschen, sondern auch bereichernde Erfahrungen und inspirierende Ideen – letztlich für die Lebensenergie Chi, die sich auf vielfältige Art und Weise ausdrückt.

rick stein's seafood
SOTHEBY'S
ART GLASS NOUVEAU
ART NOUVEAU
MILLER'S
1000 chairs
Papercrafts
California Interiors
TRAVEL & STYLE
London Interiors
Living in Ireland
THE IRISH HOME
Lotts

Das Element Feuer

Mit der Farbe Rot wirkt die Feuer-Energie auf Ihr Zuhause, Ihre Stimmung und Ihre jeweilige Lebenssituation.

Mit dem Feuer sind wir in der Mittagszeit, der Lebensmitte und dem Sommer angekommen.

Alle Phasen, in denen die Lebenskraft ihren Höhepunkt erreicht, sind Feuer-Phasen. Im Sommer steht die Natur in voller Blüte und pulsiert vor Leben. Jede Menge Wärme und Licht sind vorhanden. In der Lebensmitte, der so genannten Blüte des Lebens, haben wir uns gesellschaftlich etabliert und Job, Familie und Karriere auf den Weg gebracht.

Das dazu passende, das »höchste« der Gefühle ist die Freude. Sie ist der schöne »Götterfunken«, der höchste Ausdruck des Seins. Freude ist eine Haltung der Liebe zum Leben, zu sich und anderen.

Mit der Farbe Rot holen Sie sich die Freude ins Haus, mit allem, was dazu gehört – Lust, Begeisterung, Dankbarkeit, Genuss, Präsenz und Lebenskraft.

Wenn Feuer in der Persönlichkeit fehlt, sind Menschen häufig sehr zurückhaltend, scheu und zeigen nicht, wenn sie sich freuen. Dadurch wirken sie oft humorlos und ernst. Sie haben viele Zweifel, Bedenken und wenig Selbstbewusstsein. Mit uns selbst sind wir meist besonders streng und kritisch. Wir haben wenig Wertschätzung dafür, wer und was wir sind. Doch genau darum geht es beim Element Feuer – um Liebe, Freude und Anerkennung, auch für uns selber.

Feuer strahlt und erleuchtet seine Umgebung. Es ist erhellend in jeder Hinsicht. Im besagten lichten Augenblick können wir etwas erkennen, was zuvor verborgen war. So haben Erkenntnisse und Einsichten ihren Ursprung im Element Feuer. Daher sorgen die rote Wandfarbe und das Feuer im Kamin für Wachheit und Klarheit. Damit Sie auch gut schlafen, ist Bordeaux-Rot ist eine gute Alternative, weil es deutlich weniger anregend ist als klares Rot. Allerdings lassen dunkle und satte Töne Räume kleiner erscheinen.

Die Freude ins Haus holen

Die Lebensenergie, das Chi, fließt da, wo Räume hell, freundlich und aufgeräumt sind. In manchen dunklen Nischen herrscht dagegen absoluter Stillstand, sie wirken muffig und staubig. Ein guter Weg, diese düsteren Raumecken zu vitalisieren, ist der Einsatz von roter Farbe. Denn die hat Signaleffekt und ist daher immer ein Hingucker. Zusammen mit einer hellen Leuchte zieht Rot die Aufmerksamkeit an und bringt Lebensenergie in sonst unbeachtete Ecken. Auch das gehört zum Feuer-Element: spitze und dreieckige Formen, das Material Leder, Fell und lebendige Tiere.

Ein Haus im Miniaturformat wird als Vogelhäuschen zum Blickfang im Garten. Form, Farbe und Tiere aktivieren das Feuer-Element. So kommt Leben in den winterlichen Garten, und das ist gut. Ein Haus mit Giebel (Dreieck!) hat also auch Feuer-Energie, insbesondere, wenn es rot gedeckt ist. Weil das Dach meist auf einem Quader ruht, kommt, im wahrsten Sinne, auch die Erd-Energie zum Tragen. Wenn Sie ein Haus neu planen, achten Sie darauf, dass Haus und Umgebung zueinander passen. Ein holz-, feuer- oder erdbetontes Umfeld, konkret eine waldige, bergige oder flache Landschaft, passen zum Beispiel gut zum klassischen Satteldachhaus.

Mit der Farbe Rot mit dem Element Feuer unterstützen Sie auch diese Qualitäten:

Erleuchtung Herzlichkeit Reife Präsenz
Einfall Ausstrahlung Aktivität
Bewusstsein Lebenslust Freude
Feuer Wachheit Begeisterung
Lebenskraft geistige Klarheit Wärme
Selbstbewusstsein Genuss Eingebung

Belebend & kraftvoll

Rot ist eine Yang-Farbe

Rot ist leuchtend, laut und anregend. Rot ist der Gipfel der Aktivität. In der Kategorie von Yin und Yang, passiv und aktiv, ist Rot ganz und gar Yang. Mehr geht nicht. Rot, wohlbemerkt als Wandfarbe, passt in Räume, wo kommuniziert, gearbeitet und gespielt wird und es auch mal laut sein darf, also ins Wohnzimmer, in die Küche, an den Essplatz, ins Arbeitszimmer und eventuell auch ins Kinderzimmer.

Rot in Akzenten sollte nirgends fehlen. Denn sonst verzichten Sie damit auf Kraft und Freude in Ihrem Zuhause.

Rot heizt Räume auf. Zimmer, die von Natur aus einen großen Wärmeverlust aufweisen, zum Beispiel durch große Fensterflächen oder auch Dachflächen, werden im Winter angenehm kuschelig. Im Sommer dagegen scheinen sie vor Hitze zu explodieren. Was nun? Um dieses Dilemma aufzulösen, helfen eine gute Wärmedämmung, Vorhänge und Ihr ganz persönliches Empfinden. Wenn Ihnen Rot guttut, Sie belebt und erfreut, bestens.

Flure sind Durchgangszimmer. Sie sind oft extrem minimiert, um keine wertvolle Wohnfläche zu verschenken, dazu wenig gestaltet, dunkel und im schlimmsten Fall sogar zugestellt. Wenn Sie sich an das Prinzip erinnern, dass die Lebensenergie Chi fließen will, dass sich Stillstand immer im Leben bemerkbar macht, weil Sie nun mal mit Ihrem Zuhause verbunden sind, fällt es vielleicht leichter, hier aufzuräumen und sich für eine neue Gestaltung einzusetzen. Weil Rot so belebend ist, kann es die Energie im Flur aufwerten. Davon profitieren Sie und Ihre Gäste

Rot vereint in sich Gegensätze. Es hat eine fröhliche und Leben spendende Natur und, wenn es außer Kontrolle gerät, eine anstrengende Seite. Wir werden rot, wenn wir verliebt sind, und genauso, wenn wir wütend sind. Rot ist äußerst kraftvoll. Wenn Sie Bedenken haben und nicht gleich zum Pinsel greifen wollen, sind rote Kissen, Teppiche oder Decken eine gute Möglichkeit, um sich der Farbe Rot anzunähern.

Die Farbe der Liebe

Rot im Schlafzimmer

Streng genommen hat Rot, als aktivierende Farbe, im Schlafzimmer nichts zu suchen. Aber so einfach ist das nicht. Denn das Schlafzimmer ist nicht nur der Ort wohlverdienter Bettruhe, wo nichts unseren gesunden Schlaf stören soll, sondern auch ein Ort der Zweisamkeit. Es gibt also durchaus Momente der Aktivität. Im Schlafzimmer ist die Farbe Rot willkommen, wenn sie Liebe und Leidenschaft anregt, nicht, wenn sie uns um den Schlaf bringt. Also nicht in jeder Größenordnung, sondern wohldosiert – dann ist Rot gut für die Liebe.

Jede Schattierung der Farbe Rot wirkt anders. Ein dunkles Rot hat mehr beruhigende Anteile, dennoch ist und bleibt es anregend. Das Maß an Rot im Schlafzimmer muss jeder selber bestimmen, denn Rot ist ein richtiger Wachmacher. Es kurbelt den Kreislauf an, fördert die Durchblutung und unterstützt den Stoffwechsel. Aktivierend für jeden, der häufig müde, erschöpft und antriebsschwach ist. Wer zu nervöser Unruhe neigt oder sogar Herzbeschwerden hat, sollte auf diese kräftige Farbe, zumindest im Wandanstrich, verzichten.

Spiegel suggerieren Weite. Räume erscheinen auf einmal viel größer. Daher sind Spiegel ein guter Trick, um einen engen Flur oder ein kleines Bad optisch zu vergrößern. Ihre Eigenschaft, Licht zu reflektieren, erzeugt Bewegung und Unruhe. Die ist im Schlafzimmer unerwünscht. Daher empfehlen wir, beim Einbauschrank auf Spiegel zu verzichten.

In Akzenten ist Rot heiter und fröhlich. Der ruhig gestaltete und sparsam möblierte Raum bekommt mit einer Portion Rot die nötige Wärme. Wer diese lebendige Farbe bewusst in seine Wohnung integriert, ist offen für mehr Lebensfreude und Lebenslust Diese Absicht wirkt und macht nicht nur das Aufstehen leichter.

Der perfekte Wachmacher

Rot im Bad

Rot ist eine extrovertierte Farbe – und das Bad ein introvertierter Raum. Das Wesen des Bads wird vom Wasser bestimmt, das sich mit dem Feuer so gar nicht verträgt. Daher ist Rot eine ungewöhnliche Badfarbe, die zunächst der ruhigen Natur dieses Raums zuwiderläuft.

Zwei Argumente für Rot: Es macht wach, es belebt den Kreislauf und damit alle, die morgens schwer in die Gänge kommen. Außerdem wirkt Rot hell und warm und ist ein Ausgleich für das ohnehin schon wässrige Bad.

▶ Rot ist auffällig und drängt sich gern in den Vordergrund. Während Blau Tiefe erzeugt, kommt Rot dem Betrachter entgegen. In langen, schmalen Räumen können Sie diese Wirkung nutzen, um die Proportionen optisch zu verändern, damit ein ausgewogener Raumeindruck entsteht.

Auch Spiegel beeinflussen die Wahrnehmung. Vor allem großformatige Spiegel sind ein guter Trick, um ein kleines Bad optisch zu vergrößern. Die Bewohner können sich hier großzügig betrachten. Denn ein großer Spiegel erweitert, auch im übertragenen Sinn, das Selbstbild.

◀ Wenn Menschen wie Feuer und Wasser sind, sind sie extrem unterschiedlich. Ähnlich konfliktreich ist die Beziehung zwischen dem Element Wasser und dem Element Feuer, und die überträgt sich auf die Stimmung im Raum. Rot im Bad geht dann, wenn Holz, Pflanzen oder die Farbe Grün vermitteln. Das Wasser überträgt seine Kraft an das Holz und Holz wird zu Feuer. So entsteht aus der spannungsgeladenen Beziehung ein Miteinander und bestenfalls, wenn Erde und Metall dazukommen, ein Kreislauf. Wenn alle Elemente im Raum vorhanden sind, spielen sie ganz natürlich zusammen. Diese Harmonie überträgt sich auf den Raum und zugleich auf unsere persönliche Stimmung

Kochen, essen & genießen

Rot in der Küche

Mit der Farbe Rot werden alle Ihre Sinne angeregt: Die Küche ist ein Platz für Genießer. Auch wenn Kochen nicht Ihre liebste Beschäftigung ist, eignet sich Rot gut als Küchenfarbe, denn die Feuer-Energie spielt hier eine wichtige Rolle. Zum einen im zentralen und hochaktiven Bauteil Herd und zum anderen in der wichtigen Funktion der Küche: Sie ist das Herz des Hauses, denn Kochen und Essen stehen für Lebenskraft und Energie.

Die Küche ist ein beliebter Raum. Sie ist das Zentrum jeder Party, hier drängeln sich die Gäste. Vielleicht, weil sie so gemütlich ist oder auch, weil die Nähe zu Kühlschrank und Büfett so attraktiv ist. Vielleicht nehmen wir auch intuitiv die Kraft der Küche als Quelle der Energie, als Ort der Lebenskraft wahr und halten uns deshalb gern hier auf. Aufgrund dieser Verbindung sollte die Küche immer sauber, aufgeräumt und gut organisiert sein. Schränke gehören übersichtlich sortiert, die Geräte intakt, vor allem der Herd. In der Küche spielt das Feuer die Hauptrolle. Rot passt hier gut. Und natürlich sind kühle Farben und Materialien ein wohltuender Ausgleich.

Rot entspricht der feurigen Natur der Küche. Weil Rot so energievoll ist, reichen oft schon Akzente oder kleine Wandflächen, um von seiner positiven Wirkung zu profitieren. Ein schönes Beispiel ist der Wandanstrich zwischen Ober- und Unterschränken. Im Feng Shui ist die Küche eng mit dem Thema Reichtum verbunden, weil die chinesischen Wörter für »Küche« und »Reichtum« sehr ähnlich klingen. Dieser Zusammenhang ist nicht von der Hand zu weisen, denn Essen hat definitiv mit Wohlstand zu tun.

Welche Dinge verdienen diesen Platz auf Ihrer Arbeitsfläche? Nur die, die Sie täglich benutzen, lieben und gern anschauen, wie diese Espressomaschine. Der ganze Krimskrams, der sich hier so gern ansammelt, gehört in Schränke, Schubladen oder – und davon gibt es bestimmt einiges – entsorgt.

Der Besuch kann kommen

Rot im Esszimmer

Rot drückt Lebensfreude aus. Wer Rot liebt, ist gesellig und feiert gern. Vor dem Hintergrund einer roten Wand kann es auch mal laut und ausgelassen zugehen. Wer sich erschöpft und müde fühlt, und zwar nicht vom wilden Feiern, wird mit der Farbe Rot aktiv. Vielleicht sind Sie nicht sofort unternehmungslustiger oder fröhlicher, aber in jedem Fall bereit für mehr Besuch.

Weil Rot uns auf so positive Weise anspricht, fühlen sich Menschen hier besonders willkommen. Daher signalisiert Rot auch die Absicht, Menschen in Ihr Leben einzuladen. Dieser Essplatz ist eine gelungene Kombination aus ruhiger Gestaltung und lebendigem Hintergrund. Noch ein Hinweis zum Glastisch: Glasplatten sind ursprünglich nicht dafür gemacht, Lasten zu tragen, auch wenn sie, rein technisch gesehen, stark genug sind. Das Essen scheint zu schweben, die Platte bietet optisch keinen Halt und alles, was sich unter dem Tisch abspielt, irritiert. Eine Oberfläche aus Holz ist dagegen massiv, stabil und angenehm zu berühren.

Ohne Farbe wäre dieser Essplatz kühl und ungemütlich. Das große Bild in Rot-Orange unterstreicht die asiatisch anmutende Schlichtheit und verbreitet zugleich angenehme Wärme. So entsteht eine freundliche und helle Atmosphäre, die wunderbar zum Essplatz passt. Eine ähnliche Wirkung hat ein Wandanstrich, der wie ein Bild angebracht ist und sich deutlich von einer weißen Wand abhebt.

Rot im Arbeitszimmer

Die Farbe Rot spricht auch die geistige Aktivität an: Rot sorgt für einen wachen Verstand und innere Klarheit. Denn die Energie des Elements Feuer hat eine erhellende und inspirierende Wirkung. Sein Licht beleuchtet sozusagen unser Bewusstsein im Sinne von Erkenntnis und schult unsere intuitive Seite. Im Arbeitszimmer erhöht Rot die allgemeine geistige Beweglichkeit, Kommunikation und den Spaß an der Arbeit.

Mit Energie bei der Sache

Jeder Raum hat seine Yin- und Yang-Qualitäten, abhängig von seiner Nutzung. Arbeiten hat passive und aktive Aspekte. Der Vorgang, Ergebnisse zu produzieren, ist aktiv, braucht jedoch ein gewisses Maß an Ruhe, um sich zu konzentrieren. Für manche reicht der Ausschluss von Lärm, andere bevorzugen eine extrem reizarme Umgebung. Je nach Typ und Bedürfnissen kann auch im Arbeitsraum eine betont aktive Stimmung anregend und inspirierend sein.

Akzente in Rot reichen oft schon aus, um den Geist zu aktivieren. Die leuchtend rote Bankauflage ist gerade die richtige Portion Wachheit in dieser ruhigen und klaren Arbeitssituation. Zu viel Rot steigert den Bewegungsdrang und macht es schwer, still zu sitzen und bei einer Sache zu bleiben.

Hier geht's gesellig zu

Rot im Wohnzimmer

Rot ist auffallend und selten von eleganter Zurückhaltung. Rot ist ein Statement: Wer hier wohnt, traut sich etwas. Diese mutige Farbe hat ein offenes und warmherziges Wesen. Im Wohnzimmer erfüllt Rot gleich zwei Wünsche. Ihre Gäste fühlen sich willkommen, die Stimmung ist fröhlich und gleichzeitig so behaglich, um sich auch in Ruhe auf das Sofa zurückzuziehen.

Ein besonderes Wohnzimmer – mit Wohnqualität. Hohe Räume sind großzügig, luftig und beeindruckend. Ein dunkles Rot wirkt erdend und behaglich, ohne der Raumhöhe ihre Wirkung zu nehmen. Ein gemütliches Sofa mit Kissen und ein Teppich helfen Ihnen, am Boden zu bleiben und zugleich die luftige Höhe zu genießen.

Eine gute Mischung aus warmen und kühlen, intensiven und zarten Tönen passt sich den vielfältigen Funktionen des Wohnzimmers an. Mit dieser ausgewogenen Gestaltung werden sowohl die ruhigen als auch die geselligen Momente im Wohnzimmer angesprochen. Wie Sie Ihren Haupt-Wohnraum einrichten, so gestalten Sie auch den Kontakt innerhalb der Familie und die Beziehungen zu Freunden. Wenn sich hier nicht alle Familienmitglieder wohlfühlen, dokumentiert der Raum nicht Zusammengehörigkeit, sondern Trennung. Vielleicht sind zu wenig Sitzgelegenheiten da und damit kein Platz für alle. Oder die Möbel sind auf den Fernseher ausgerichtet – dann steht die Kommunikation untereinander nicht im Vordergrund.

Rot im Kinderzimmer

Viele Kinder mögen Rot gern. Was nicht unbedingt heißt, dass Rot großflächig ins Kinderzimmer gehört. Rot hat etwas Strahlendes, Leuchtendes und Fröhliches, ähnlich wie die Kinder selber. Rot hat diese Verbindung zur Freude – und was sind Kinder sonst, als Meister darin, sich zu freuen und Freude weiterzugeben? Sie tragen ein natürliches Feuer-Gen ins sich. Ob im Kinderzimmer Rot die »richtige« Farbe ist, hängt vom Kind und seiner Persönlichkeit ab.

Jedes Kind hat mehr oder weniger Feuer in sich. Zurückhaltende Kinder werden mit der Farbe Rot dazu angeregt, mutiger und kontaktfreudiger zu sein. Auch sehr blasse und stille Kinder, die sprachlich langsam sind, können diese Energie für einen Entwicklungsschub nutzen. Ist Ihr Kind voller Energie und Tatendrang, hat es einen guten Anteil Feuer-Energie. Interessanterweise haben häufig diese Kinder eine Vorliebe für ein kräftiges Rot. Sie fühlen sich damit wohl, weil diese Energie ihrem Wesen entspricht. Wenn Kinder nicht wissen, wohin mit ihrer Energie und andere damit überrollen, ist Rot zu viel des Guten.

Die Freude-Farbe

Die meisten Mädchen kommen irgendwann in die Rosa-Phase. Von der Kleidung über die Kinderzimmer-Einrichtung, alles ist Rosa. Sie haben sich intuitiv auf eine junge Version des klaren, leuchtenden Rots geeinigt. Rosa ist nicht laut und aufdringlich, sondern zart und dennoch selbstbewusst. Es ist deutlich ruhiger als Rot und zugleich warm und gemütlich.

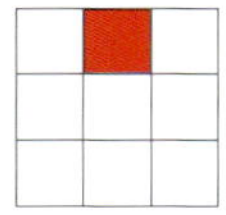

Rot unterstützt den Bagua-Bereich Ruhm. Dieser Bereich liegt vom Eingang aus gesehen hinten mittig.

Entfalten Sie Ihr Potenzial!

Rot und der Bagua-Bereich Ruhm

Auf den ersten Blick hat Ruhm wenig mit dem »normalen« Leben zu tun. Wieso verdient Ruhm dann einen eigenen Bagua-Bereich, wo doch das Bagua sonst so treffend unsere wichtigsten Themen widerspiegelt? Befreien wir Ruhm von der Aura des Außergewöhnlichen und Abgehobenen, geht es in dieser Bagua-Zone um Ihr Ansehen, Ihre Attraktivität und Ihre Ausstrahlung, also konkret, was andere von Ihnen denken. Attraktivität hängt mit äußeren und inneren Eigenschaften zusammen, mit Schönheit und Erfolg genauso wie mit Begeisterung und Lebensfreude. In diesen Qualitäten steckt die gebündelte Energie des Feuer-Elements. Daher spielt die Farbe Rot für den Bereich Ruhm eine wichtige Rolle.

Der Buddha vertritt die geistige Seite des Feuer-Elements. Als nicht-greifbare Form steht das Feuer auch für das Bewusstsein, für Geist, Erkenntnis und Klarheit. Innere Klarheit bewirkt ein selbstbewusstes Auftreten und trägt damit zu einer strahlenden und inspirierenden Persönlichkeit bei. Spirituelle Symbole, Kerzen und die Farbe Rot stärken das Chi in diesem Bereich und sorgen zugleich für eine klare und aufrechte Erscheinung.

Anerkennung und Erfolg stellen sich ein, wenn wir lieben, wer wir sind und was wir tun. Wenn wir unsere Fähigkeiten ausschöpfen, ist das Feuer in seinem Element. Und weil Ruhm so viel mit der Strahlkraft des Feuers zu tun hat, sind in diesem Bereich Licht und Beleuchtung besonders wichtig. Wenn es Ihnen darum geht, Ihr Potenzial optimal zu entfalten oder mehr Selbstbewusstsein zu gewinnen, sind auch Gegenstände, die Ruhm und Erfolg symbolisieren, günstig.

ENERGIE FÜR DEN BEREICH RUHM

Kunstwerke • Skulpturen • teure Möbel • Auszeichnungen • Urkunden • helles Licht • Kerzen

Rot und die Persönlichkeit

Den Zusammenhang zwischen dem Element Feuer und dem Charakter dokumentiert schon unsere Sprache. Eine feurige Persönlichkeit ist impulsiv und temperamentvoll, vielleicht auch gelegentlich unüberlegt und laut, wenn das Feuer-Element besonders ausgeprägt ist. Im Gleichgewicht ist die Feuer-Energie bei Menschen mit einer humorvollen, offenen und direkten Art. Sie haben meist ein herzliches Auftreten und sind ansteckend in ihrer Lebensfreude und Begeisterung. Wenn Sie sich diesen Zusammenhang bewusst machen, können Sie mit der Farbe Rot gezielt diese Eigenschaften stärken.

Es sind die ganz persönlichen Dinge, die eine Wohnung zu Ihrem Zuhause machen und die viel über Sie aussagen. Viele kleine Lichter zeugen von Kreativität, Spaß am Dekorieren, einem fröhlichen Wesen und einer guten Portion Feuer. Menschen mit Feuer-Energie sorgen für eine heitere Stimmung. Mit ihnen wird es nicht langweilig, viele haben immer einen Witz auf Lager. Man ist einfach gern in ihrer Gesellschaft. Auch weil sie eine natürliche Herzenswärme besitzen, von der sich jeder gern berühren lässt.

Herzlich & präsent

Wenn eine Blume blüht, zeigt sie sich in ihrer ganzen Schönheit. Sie bleibt nicht halb geschlossen, um sich ein wenig zurückzuhalten. Distanziertheit und Scheu liegen dem Element Feuer fern. Es bringt in seinem ganzen Ausdruck und Auftreten einen hohen Grad an Intensität mit sich. Menschen, die sich zeigen, die ihre Fähigkeiten ausdrücken, nutzen das Potenzial der Feuer-Energie. Sie können ihre komplette Aufmerksamkeit einer Aufgabe, ihrem Gegenüber oder einer Situation widmen und sind dadurch in höchstem Maße präsent.

So schaffen Sie den Ausgleich

Feuer im Ungleichgewicht

Beim Element Feuer geht es um Selbstausdruck. Ein Mittel, sich auszudrücken, ist Kommunikation. An der Art, wie Menschen sprechen, zeigt sich das Maß an Feuer-Energie. Ist das Feuer in gutem Gleichgewicht, haben sie eine kräftige Stimme und eine deutliche Aussprache. Extrem feurige Persönlichkeiten dagegen reden viel, laut und schnell, wie innerlich getrieben. Ein schwaches Feuer-Element zeigt sich, wenn Menschen leise und undeutlich artikulieren. Und weil Ihr Umfeld Einfluss nimmt auf die Präsenz des Elements Feuer in Ihrem Leben, können Sie ein Ungleichgewicht ausbalancieren.

Ein Zuviel an Feuer-Energie wird mit den Elementen Erde und Wasser ausgeglichen, konkret mit den Farben Braun/Gelb und Blau/Schwarz. Damit sind im wahrsten Sinne feurige Persönlichkeiten gemeint, die exzentrisch und impulsiv auftreten. Mit lautem, polterndem Verhalten, gelegentlich heftigen Streits und hoher Aktivität leben sie den höchsten Grad an Feuer-Energie. Andererseits fehlt ihnen die notwendige Ruhe, um sich zu entspannen und schlichtweg gut zu schlafen. Trotz großer innerer Kraft und Energie kann auch dieses Extrem zu Erschöpfung führen. Sowohl das blaue Sofa als auch die braune Klinkerwand beruhigen das Feuer: das Wasser-Element, indem es kühlt, und das Erd-Element, indem es Feuer-Energie verbraucht.

Pink ist die freche Variante zu Rosa. Rosa wird allgemein mit Zartheit und Weiblichkeit verbunden. Pink, wesentlich intensiver als Rosa, sprengt die Grenzen vom braven Mädchen zu Selbstbewusstsein und Individualität. Daher löst Pink auch entschiedene Reaktionen aus. Man mag es – oder nicht. Durchgangsräume und Flure mit wenig Stellfläche wollen auch gestaltet sein. Als Hingucker ist Pink sehr gut geeignet. Eine Wand in dieser kräftigen Farbe – und fertig!

Weil Pink sehr nah am leuchtenden Rot liegt, gelten für diese knallige Farbe die gleichen Regeln. Am besten kommt Pink nur in aktiven Räumen, als Wandfarbe auf begrenzten Flächen oder in farblichen Akzenten zum Einsatz. In den Wohnbereich oder die Küche passt Pink, wenn Sie ein geselliges und aktives Leben bevorzugen.

Schrill & aktiv

Die Rot-Variante Pink

Zwischen Rot und Blau bewegen sich viele Nuancen, die schwer gegeneinander abzugrenzen sind. Farbbezeichnungen wie Magenta, Purpur, Violett, Pink, Blauviolett und Rotviolett beschreiben unterschiedliche Abstufungen, werden jedoch sehr individuell wahrgenommen.

Pink tendiert eindeutig zu Rot. Daher nutzen wir diese intensive Farbe, um das Kapitel Rot zu vervollständigen. Pink ist schrill, jung und lebendig. Auf den Punkt gebracht: Pink ist, wie Rot, unglaublich anregend.

Jung & zart

Die Rot-Variante Rosa

Rosa ist das kleine Rot und für unser Verständnis eine Mädchenfarbe, obwohl Rosa ursprünglich, als junge Version des kraftvollen Rots, männlich besetzt war. Nach alter europäischer Tradition galt Hellblau als weiblicher Farbton.

Heute ist das umgekehrt. Diese zarte und feminine Farbe verkörpert die positive, friedliche Seite der Farbe Rot. Alles Laute, Schrille, Aggressive des kräftigen Grundtons liegt ihr fern.

Rosa ist eine Mischung aus Weiß und einem blaustichigen Rot, oder auf die Elemente bezogen, eine Kombination des Feuer- und Metall-Elements. Rosa hat sowohl Yin- als auch Yang-Anteile, ist warm und beruhigend zugleich. Daher ist diese zarte Farbe auch als Wandanstrich im Schlafzimmer und allgemein in ruhigen Räumen gut geeignet. Die Farbe Rosa hat, je nach Kombination, eine fast gegensätzliche Wirkung. Rot gibt dieser femininen Farbe eine verführerische Note, Weiß dagegen lässt sie harmlos und unschuldig aussehen. Es kommt darauf an, welche Stimmung Sie im Schlafzimmer erzeugen wollen. Aus der Perspektive der Partnerschaft betrachtet, sollten sich beide mit der Farbe Rosa wohlfühlen, denn Rosa ist und bleibt sehr weiblich und ist nicht jedermanns Sache.

Rot ist erwachsen, Rosa ist jung und eine gute Farbe für das Kinderzimmer. In diesem Farbton ist die Feuer-Energie beruhigt, aber dennoch vorhanden. Sie vermag Kinder innerlich zu stärken, ihre Auffassungsgabe zu steigern und geistige Flexibilität zu erhöhen. Der hohe Weiß-Anteil steht für das Metall-Element und sorgt für diszipliniertes Arbeiten und dafür, dass Aufgaben auch zu Ende gebracht werden.

Duftig & leicht

Die Rot-Variante Flieder

Flieder ist die zarte Variante des intensiven Violetts. Mit einer ordentlichen Portion Weiß verliert Violett sein dramatisches und auffälliges Auftreten, hin zu einem sanften und frischen Pastellton. Die Weiß-Anteile verringern die Farbsättigung und reflektieren viel Tageslicht. Dadurch wirkt Flieder luftig und frisch und bewirkt, dass Räume hell und großzügig erscheinen. Eine gute Grundbelichtung ist allerdings wichtig. In dunklen Räumen sollten Sie Flieder daher mit viel Weiß kombinieren.

Flieder lässt sich wunderbar kombinieren. Vor allem mit Naturfarben, Crème-, Beige- und Braun-Tönen wirkt Flieder wohnlich und harmonisch. Wer sich erst mal mit der Farbe vertraut machen möchte, greift am besten zu Accessoires oder Decken. Oder Sie nähen einfach mal ein fliederfarbenes Kissen! Auch ein lichtdurchflutetes Rollo ist ein guter Anfang.

Die Farbe Flieder ist herrlich unaufgeregt – ein ruhiger Vertreter aus der großen Familie der sonst eher lauten Rot-Töne. Denn seine weißen und blauen Untertöne wirken kühlend. Daher ist Flieder ein angenehmer Hintergrund für das Schlafzimmer, wo vor allem Ruhe zählt. Gleichzeitig hat Flieder auch eine sinnliche und romantische Komponente – wie Rot, Rosa oder Violett –, die sich hervorragend im Schlafzimmer macht.

Exotisch & geheimnisvoll

Als Gemisch aus Blau und Rot ist Violett eine sehr intensive Farbe. Je dunkler, umso wichtiger ist eine sehr gute Beleuchtung. In dieser kräftigen Variante erinnert Violett an den Nachthimmel und kommt der Wirkung der Farbe Dunkelblau beziehungsweise dem Wasser-Element sehr nahe. Seine Wasseranteile erhöhen die beruhigende Wirkung und erklären die Aura des Geheimnisvollen, die Violett nachgesagt wird. Mt dem Wasser assoziieren wir Tiefe, Weite, Dunkelheit und alles, was sich dem Verstand entzieht. Die dunkelviolette Wand erweitert Grenzen, räumlich und gedanklich. Das erdig braune Sofa sorgt für die nötige Erdverbundenheit.

Die Rot-Variante Violett

Violett ist eine exklusive Farbe. In der Natur selten und als natürliche Farbe schwierig und teuer in der Herstellung, hängt Violett seit jeher etwas Besonderes an. In der Vergangenheit zeugte es von großem Reichtum, Macht und Würden: Die Roben der Könige und die Gewänder hoher Kirchenmänner waren violett eingefärbt.

Betrachtet man diese exotische Farbe im Zusammenhang der Fünf Elemente, ergeben sich andere interessante Bedeutungen. Violett wird gemischt aus Blau und Rot, also Wasser und Feuer, zwei Elemente, die sich im System des Kreislaufs so gar nicht vertragen. Damit transformiert Violett die Spannung zwischen Feuer und Wasser zu etwas Neuem – und hat eine vermittelnde, versöhnende und zugleich erneuernde Wirkung.

Violett ist eine ausgefallene Farbe. Sie hat etwas Heiliges an sich, wohl aufgrund ihrer religiösen Tradition. Mit dieser bedeutungsvollen Assoziation scheint die Anwendung von Violett im Bad zu banal. Andererseits wird Violett eine beruhigende und kühlende Wirkung nachgesagt – warum nicht auch hier?

Violett steht zwischen den Extremen Wasser und Feuer, Yin und Yang, weiblich und männlich, kalt und warm, Substanz und Geist. Es zeigt uns, dass die Welt nicht schwarz-weiß ist, sondern durchaus über Nuancen verfügt. Violett verbindet zwei Gegensätze zu etwas völlig Neuem, zu einer Erfahrung, in der beides möglich ist, Ruhe und Aktivität, Distanz und Nähe. Entsprechend ist Violett gleichermaßen auffällig und beruhigend. Je stärker der Rot-Anteil, umso dramatischer sein Auftreten. Eines ist sicher: Violett drückt immer Individualität aus. Menschen, die Dramatik lieben und sich gern präsentieren, haben häufig eine Schwäche für diese besondere Farbe.

Gelb

Holen Sie die Sonne ins Haus

Die Farbe Gelb

Wenn Sie sich nach Sonne sehnen, sind Sie hier genau richtig. Die Farbe Gelb ist hell, warm und freundlich. Ihr sonniges Gemüt verbreitet gute Laune. Wie die Abendsonne taucht sie Räume in ein warmes Licht. Gelb erinnert auch an die intensiven Töne der Ernte, der Erde und des Spätsommers. Diese Naturfarben, die ebenfalls in diesem Kapitel berücksichtigt werden, sorgen dafür, dass Sie sich zu Hause sicher und geborgen fühlen.

Gelb ist eng verbunden mit dem Element Erde und allen Erdfarben. Das Element Erde hat eine zentrale Bedeutung im Kreislauf der Fünf Elemente. Es vertritt keine Himmelsrichtung, sondern ist das Zentrum, die Mitte, die alle anderen Elemente hervorbringt. Zur Erde gehört der Spätsommer, die Zeit der Ernte, der Spätnachmittag und die Erde als Mutterboden. Das geistige Prinzip hinter dem Element Erde ist das Denken, Sorge und Mitgefühl sind seine emotionalen Qualitäten.

Mit Gelb holen Sie sich die Sonne ins Haus. Egal, welches Wetter Sie draußen erwartet, gelbe Wände wirken hell und warm und hellen auch weniger gut belichtete Räume angenehm auf. Die Kombination hier aus Orange, Gelb und Türkis wirkt vor dem weißen Hintergrund besonders leicht und heiter. Hier zeigt sich das Element Erde von seiner anregenden Seite.

Weiß ist ein idealer Hintergrund für Farbe. So wie Exponate im Museum, erhält in diesem Flur die orangefarbene Fläche alle Aufmerksamkeit. Wenn der Platz für Möbel fehlt, was im Flur häufig der Fall ist, können Sie den Raum mit Farbe aufmuntern. So bekommt der langweilige Verbindungsraum plötzlich Charakter. Besonders Orange ist freundlich und einladend und, wie hier, eine schöne Ergänzung zu der ansonsten schlichten Gestaltung.

Auf Treppen geht es auf und ab. Sie erzeugen Bewegung, und die tut gut, allerdings nicht, wenn sie mit Anstrengung und Überwindung verbunden ist. Wer keine Lust hat, nach »oben« zu gehen, weil das Treppenhaus kalt und ungemütlich ist, dem geht es wie der Lebensenergie Chi – sie bleibt, wo sie ist. Dann sind Treppen nicht verbindend, sondern trennend. Auf einer schönen Stiege geht sich's leichter. Mit der Erdfarbe Gelb wird der Treppenraum nicht nur sonnig warm, sondern erhält auch Stabilität und Erdung, was sich wiederum in Ihrem Leben bemerkbar machen wird. Probieren Sie's aus!

Ein Gefühl von Sicherheit

Das Element Erde

Das Element Erde beschreibt eine Energie, die in sich ruht. Seine wichtigsten Themen sind Sicherheit und Stabilität. Ein sichtbarer Ausdruck dieser Energie ist unser Planet, die Substanz Erde und die Farbe Gelb.

Die Erde ist unsere Lebensgrundlage. Sie hat zwei wesentliche Funktionen: sie ernährt uns und trägt uns. Der tragende Aspekt findet sich wieder in Qualitäten wie Stabilität, Beständigkeit, Verlässlichkeit und innerer Sicherheit. Die nährende Eigenschaft zeigt sich in Sorge und Unterstützung. Damit ist keineswegs übertriebenes Bemuttern gemeint, sondern ein Gleichgewicht zwischen Nehmen und Geben, der Fähigkeit, auf sich selber und zugleich auf andere Menschen zu achten. Das Element Erde vereint diese beiden Pole und zeigt sich daher ausgeglichen, mitfühlend, voller Liebe und Vertrauen. Insofern ist das Element Erde auch das Element der Beziehungen.

Das Element Erde spielt in jedem Zuhause eine Rolle. Stabile Formen wie ein Quadrat oder ein liegendes Rechteck und Materialien, die zur Erde gehören, wie Stein, Ton, Kiesel und Sand, vertreten dieses Element. Schauen Sie sich um. Ein Sofa, ein flacher Tisch, das Bett, ein Sideboard, Fliesen, Terrakotta-Töpfe – es gibt viele erdige Möbel und Einrichtungsgegenstände in der Wohnung. Je mehr Sie sich mit dieser Energie umgeben, umso wichtiger sind Ihnen offenbar Sicherheit und Geborgenheit.

Für die meisten Menschen ist Sicherheit ein hoher Wert. Sie tun alles dafür, schließen Versicherungen ab, legen Geld auf die hohe Kante, heiraten und vieles mehr. Und trotz aller getroffenen Maßnahmen fühlen sie sich oft nicht entsprechend sicher und aufgehoben. Denn Sicherheit finden wir letztendlich nicht in äußeren Dingen, sondern nur in uns selber. Das Element Erde befasst sich genau mit dieser inneren Sicherheit. Eine Sicherheit, die sich einstellt, wenn wir unserer Kraft und unseren Fähigkeiten vertrauen. Im Schlafzimmer entspannen und erholen Sie sich nur, wenn Sie sich sicher fühlen. Die Erdfarben tragen hier – neben der Möblierung und der Lage im Haus – zu behaglicher Stabilität bei.

Fenster sind eine Schnittstelle zwischen innen und außen. Zustand und Größe sagen etwas über Ihren Kontakt zur Außenwelt und Ihre Sicht auf das Leben »draußen« aus. Kleine Fenster schotten ab und signalisieren den Wunsch nach Rückzug, große Fenster dokumentieren Offenheit. Verschmutzte Scheiben trüben den Blick, die Welt wirkt grau. Für Klarheit, Weitblick und eine schöne Aussicht lohnt sich das Fensterputzen. An der Wand erzeugen Rot-Anteile im gelben Grundton ein warmes Orange und eine fröhlich-freundliche Atmosphäre.

Mit der Farbe Gelb mit dem Element Erde unterstützen Sie auch diese Qualitäten:

Organisation Verantwortung
Besonnenheit
Unterstützung Gelassenheit
Treue
Erde
Bodenständigkeit
Ehrlichkeit
Ordnung Zuversicht Realismus
Beständigkeit Stabilität Geradlinigkeit
Verlässlichkeit Mitgefühl Sicherheit

Gelb ist eine Yang-, Braun eine Yin-Farbe

Gelb und Orange gehören zu den Yang-Farben, Beige und Braun zu den Yin-Tönen.

Das Element Erde beinhaltet sowohl Ruhe als auch Dynamik. Die Erde vereint Extreme. In der Natur transformiert sie den Samen zur reifen Frucht, sie nimmt auf und gibt ab. Sie verbindet Sommer und Herbst im Spätsommer und vereint Hitze und Aktivität mit ruhiger Gelassenheit. Daher hat das Element Erde ein ausgeglichenes und in sich ruhendes Wesen.

Zurück zu der Qualität der Farben: Gelb und Orange sind eindeutig anregend, Braun, Beige und zarte Erdtöne beruhigen. Die sonnigen Farben vertragen sich gut mit den aktiven Wohnräumen und die erdigen Töne mit ruhigen Entspannungsräumen.

Entspannte Gelassenheit

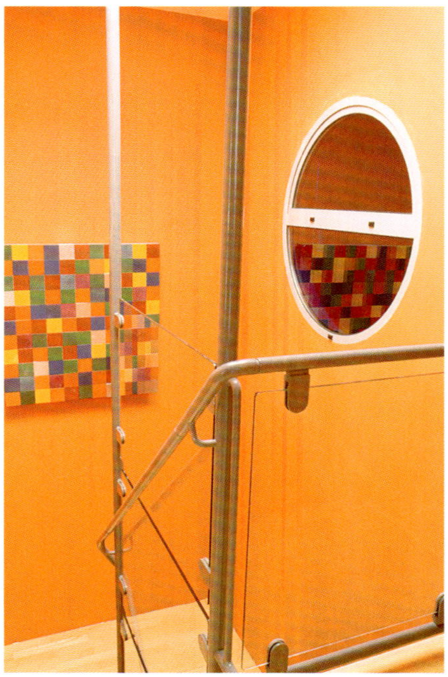

Dachschrägen sind speziell. Sie beeinflussen den Raumeindruck und die Perspektive und bescheren manchem eine etwas verzerrte Sicht der Dinge. Sie können beengend, gemütlich oder sogar luftig wirken, je nach Raumhöhe und Offenheit. Gelb oder Orange sind erdend und geben Halt und Stabilität. Die orangefarbene Wand im Sockelbereich betont den unteren Bereich des Raums und verleiht ihm Ruhe und Klarheit.

Genau genommen ist Orange eine Farbe zwischen Feuer und Erde. Sie dokumentiert den Übergang von der Mittagshitze zu der entspannten Stimmung am Spätnachmittag. Orange verbindet Lebensfreude mit Stabilität und ist die Farbe für gute Laune – ideal, um eine einladende Atmosphäre zu erzeugen. Es vermag sogar, den reinen Funktionsraum Treppenhaus wohnlich zu gestalten. Auch Bilder, die den Betrachter neugierig machen, oder Motive, die Leichtigkeit ausdrücken, bereichern den Auf- und Abstieg.

Kräfte sammeln mit Erdfarben

Gelb und Braun im Schlafzimmer

Das Schlafzimmer darf ein gemütliches Nest sein. Je behaglicher, je ruhiger, umso leichter fällt es nach einem langen Tag, abzuschalten. Dazu muss dieser Raum nicht groß sein, im Gegenteil, in kleinen Räumen lässt sich leichter ein geschützter Rahmen gestalten. Die Stärke der Erde ist ihr ausgleichendes Wesen. Auch wenn das Element Erde mit dem Spätsommer verbunden wird, ist die Erde in jedem Wechsel der Jahreszeiten präsent. Sie prägt jede Art von Übergang, also vom Tag zur Nacht oder von einer Lebensphase in die nächste. Im Schlafzimmer erzeugen Erdfarben eine behagliche Atmosphäre und schaffen einen Ausgleich zwischen dem aktiven Alltag und der passiven Nachtruhe.

Yin und Yang sind zwei Kräfte, die zusammen ein Ganzes bilden, so wie Tag und Nacht oder Mann und Frau. Ohne das eine ist das andere nicht erfahrbar. Im Sinne der Ganzheit ist ein Zusammenspiel dieser Kräfte günstig. Je ausgewogener ein Umfeld, umso wohltuender und harmonischer. Mit dem Wissen um diese beiden gegensätzlichen Energien können Sie die Raumatmosphäre steuern und beispielsweise im Schlafzimmer die Yin-Energie für mehr Ruhe und Erholung verstärken. Erdfarben, weiche Stoffe und gedämpftes Licht erzeugen in diesem Schlafzimmer eine beruhigende Umgebung.

Schlafräume sollen einen tiefen und erholsamen Schlaf fördern und zugleich das Aufstehen erleichtern. Um maximal zu entspannen, dienen passive Yin-Farben, um wach zu werden, helfen die kräftigen Yang-Töne. Helle Erdfarben und zarte Gelb-Töne beruhigen, ein leuchtendes Gelb macht wach, hilft beim Aufstehen und sorgt für einen guten Start in den Tag.

Optimistisch in den Tag

Gelb im Badezimmer

Mit der Farbe Gelb geht die Sonne auf, und das zu jeder Tages-, Nacht- und Jahreszeit. Gelb macht wach und gute Laune. Es ist extrem wohnlich und im kühlen Bad eine herrlich wärmende Farbe. Mit dem Trend, hier mehr Naturmaterialien und weniger Fliesen zu verbauen, hat das Bad an Aufenthaltsqualität gewonnen. Auch aus Feng-Shui-Sicht macht das Erdelement im Bad Sinn. Die ruhige stabile Erd-Energie gleicht die intensive Wasser-Energie aus. Dieser Zusammenhang kommt im Kontrollzyklus der Fünf Elemente zum Ausdruck (s. S. 10–11).

Die Farbe Gelb ist ein Hingucker. Sie hat eine starke Signal- und Fernwirkung, die zum Beispiel für Beschilderungen im Straßenverkehr genutzt wird. In der Natur ist Gelb, vor allem in Kombination mit Schwarz, eine Warnfarbe. Sie zieht unsere Blicke auf sich. Und die Lebensenergie Chi folgt genau dieser Aufmerksamkeit. Denn wo unsere Gedanken sind, wo unser Blick hängen bleibt, ist auch unsere gesammelte Energie. Die Farbe Gelb zieht das Chi an und belebt das so häufig kühle und rein zweckmäßige Badezimmer.

Vor allem diejenigen, die morgens nur langsam in die Gänge kommen, werden in so einem sonnigen Bad angenehm wach. Das Bad ist der erste Raum, den Sie morgens bewusst wahrnehmen, und die Farbe Gelb weckt eindeutig Ihre Lebensgeister. Abgesehen von seiner positiven Natur, die Sie mit viel Optimismus in den Tag schickt, wirkt Gelb erdend. Und gut geerdet, stabil in Ihrer Mitte stehend, gehen Sie den Tag gleich viel leichter an.

Das Element Erde ist der Gegenspieler zur Wasser-Energie. Dem Zyklus der Fünf Elemente folgend, kontrolliert die Erde das Wasser – ganz einfach, indem sie Wasser eingrenzt und aufnimmt. Sie bremst und schwächt sein Potenzial. Im Bad übernehmen die Farbe Gelb, Terrakotta-Fliesen oder Granit-Oberflächen die Aufgabe, die fließende und bewegte Wasser-Energie zu stabilisieren und die Kräfte wieder in ein harmonischen Miteinander zu bringen.

Das nährende Zentrum

Gelb in der Küche

Die Farben der Erde treffen genau den Charakter der Küche. Das Element Erde ist verwandt mit der Ernte und der Nahrung und entspricht der Funktion der Küche als nährende Quelle im Zuhause. Die Erde beinhaltet auch den Prozess der Transformation. Sie verwandelt den Samen zur Pflanze bis hin zur reifen Frucht. Auch dieser Vorgang spielt beim Kochen und Essen eine Rolle, da auch die Nahrung transformiert wird. Die Farbe Gelb harmoniert daher in jeder Hinsicht mit dem Wesen der Küche.

Eine Küche, die sowohl praktisch als auch wohnlich ist, macht Lust zum Kochen. Mit der Farbe Gelb wird aus dem reinen Zweckraum ein sonniger Wohnraum. Gleichzeitig müssen die praktischen Abläufe stimmen. Ein mögliches Konzept ist, Spüle, Herd und Kühlschrank räumlich im Dreieck anzuordnen, sodass Sie kurze Wege und logische Abläufe verknüpfen. Hört sich scheinbar banal an, beeinflusst aber Ihre Stimmung beim Kochen entscheidend!

Weil Essen lebenswichtig ist und gute Ernährung sich so deutlich auf Ihre Vitalität auswirkt, kommt der Küche eine besondere Rolle zu. In einer großzügigen und harmonisch gestalteten Küche kochen Sie gern – und mit Sicherheit auch besser als in der schlauchförmigen Mini-Küche. Wenn Sie beim Umzug die Gelegenheit haben, die Küche neu zu planen, achten Sie besonders auf die Position des Herds. Was für den Schreibtisch, das Sofa und jeden Platz mit Aufenthaltsqualität gilt, ist auch für den Herd wichtig: Stellen Sie ihn so, dass Sie beim Kochen den Raum im Blick haben. So ist das Kochen wesentlich angenehmer, denn niemand hält sich gern mit dem Rücken zur Tür auf.

Gelb am Essplatz

Ob wir hier hektisch ein Brötchen hinunterschlingen, das Zusammensein mit unseren Lieben beim entspannten Essen genießen und den Tag Revue passieren lassen oder gemeinsam Feste feiern: In jedem Fall versorgen wir uns am Essplatz mit frischer Energie. Nahrung aufzunehmen und zu verarbeiten ist ein Erde-Prozess, der mit den Farben Gelb und Orange unterstützt wird. Sie regen sogar den Stoffwechsel und den Appetit an. Die offene und unkomplizierte Seite der Farbe Gelb kümmert sich um den geselligen Teil und ein freundliches Ambiente.

Weil Kochen und Essen so essentiell im Leben sind, tut es uns gut, wenn der Essplatz immer sauber, aufgeräumt und rundum wohltuend ist. Schmutziges Geschirr ist hier genauso störend wie ein vollgestopfter Geschirrschrank. Dinge, die Sie nicht benutzen, die Sie nicht lieben oder die defekt sind, belegen unnötig Platz im Schrank. Das Alte lässt keinen Raum für Neues. Für neue Erfahrungen und ein neues Denken müssen Sie Platz schaffen!

Harmonisches Miteinander

Gelb vermittelt zwischen extremen Erfahrungen, wie Nehmen und Geben, Leben und Tod. Es lässt Aktivität und Ruhe gleichermaßen zu. Es sorgt für Harmonie, im Sinne eines friedlichen Zusammenspiels der Gegensätze. Am Essplatz fördert Gelb harmonische Gespräche, in denen sich unterschiedliche Standpunkte gegenseitig bereichern.

Ideen umsetzen, Netzwerke knüpfen

Gelb im Arbeitszimmer

Arbeiten erfordert Wachheit und geistige Beweglichkeit. Daher sind Gelb und Orange im Arbeitsumfeld durchaus bereichernd. Wer allerdings Schwierigkeiten hat, still zu sitzen und konzentriert zu arbeiten, sollte sich mit den anregenden Farben zurückhalten. Grundsätzlich spricht, wie überall, eine ausgewogene Umgebung die größte Bandbreite an Qualitäten und Emotionen an, sodass Sie sowohl auf Konzentration, Kreativität, Ausdauer und Spaß zurückgreifen können.

▸ Das Element Erde wird als form- und gestaltgebend bezeichnet. Die Erde verwandelt den Samen in die Pflanze, aus dem schöpferischen Impuls wird eine sichtbare Form. Diese Fähigkeit, Ideen in der Umsetzung zu manifestieren, wird mit den Farben der Erde am Arbeitsplatz verstärkt. Mit Gelb und Orange legen Sie den Schwerpunkt auf die Verwirklichung, Organisation und Abwicklung von Projekten.

▸▸ Denken wird als das geistige Prinzip der Erde bezeichnet. Informationen aufzunehmen, zu verarbeiten, zu speichern und auch zu vergessen, ist ein typischer Erde-Prozess, der dem Vorgang der Nahrungsaufnahme sehr ähnlich ist. Manches Wissen muss ja bekanntlich erst verdaut werden. Erst, wenn das Denken zum Grübeln wird, nimmt die Erd-Energie Überhand. Wenn sich Gedanken im Kreis drehen, schwer im Magen liegen und schlaflose Nächte bereiten, ist die Erde aus dem Gleichgewicht geraten.

CONCISE ATLAS OF

Gelb im Wohnzimmer

Wohnräume sind multifunktional. Sei es Fernsehen, Feiern, Familie oder Arbeit, jedes Wohnzimmer wird vielfältig genutzt. Gelb ist unkompliziert und passt sich diesen unterschiedlichen Bedürfnissen an. Es ist freundlich zu jedem, belebt den Geist, Gespräche und Gemüt, nicht dramatisch wie das kräftige Rot, sondern sanft und heiter. Nach Goethes Farbenlehre erwärmt Gelb das Herz. Wie gesagt, Gelb hebt die Stimmung.

Weniger ist mehr, und gut platzierte Objekte kommen in klarer, aufgeräumter Umgebung wesentlich besser zur Geltung. Im Wohnzimmer ist der erste Eindruck enorm wichtig. Zugerümpelt oder übersichtlich organisiert, düster oder hell, schwer oder fröhlich? Jedes Möbel, jede Farbe, jeder Gegenstand, all das prägt die Stimmung, die Sie sofort wahrnehmen und häufig sogar annehmen. Der Gesamteindruck zählt. Mit der gelben Gardine, den witzigen Kissen und frischem Grün wirkt dieser Ausschnitt heiter und fröhlich.

Erwärmt das Herz

Persönliche Dinge machen Räume zu Ihrem Zuhause. Sie sind wichtig und gut, wenn Sie sie gern anschauen und positive Erinnerungen daran knüpfen. Ohne sie fehlt etwas, zu viel davon nervt. Wenn Regale vor Deko-Objekten überquillen, das Fenster nicht mehr zu öffnen und das Staubwischen mit großem Aufwand verbunden ist, weil Sie sich erst durch diverse Sammlungen arbeiten müssen, ist auch die Lebensenergie, das Chi, verstaubt und zugestellt.

Zur Ruhe kommen

Gelb im Kinderzimmer

Sie toben, spielen, rennen, raufen – Kinder sind wahre Energiebündel. Jedes Kinderzimmer scheint zu klein für sie, eine Turnhalle würde wohl eher passen. Andererseits können sie sich so konzentriert in eine Beschäftigung versenken, dass man sich als Eltern fragt, ob noch alles in Ordnung ist. Kinder leben Yin und Yang in ihren Extremen. Allerdings fördert die Umwelt eindeutig ihre Yang-Seite: Kinderzimmer sind mit Spielsachen vollgestopft und Anregung pur. Nachmittage sind verplant mit Turnen, Englisch, Malkursen und und und. Dabei sind für Kinder Zeiten der Ruhe und Stille genauso wichtig wie für Erwachsene.

Die Farbe Gelb steht für die ruhige und ausgeglichene Erd-Energie und verbindet das wilde mit dem konzentrierten Spielen.

Kinderzimmer sollen hell, sonnig, luftig und fröhlich sein. Kinder brauchen eine positive, unbelastete Umgebung. Ein helles Gelb ist »kinderleicht«. Dunkle Farben dagegen, schwere Antiquitäten oder auch der riesige Einbauschrank der Eltern, der sonst nirgends hinpasst, haben im Kinderzimmer nicht zu suchen. Dieser Raum gehört den Kleinen – und nur ihnen.

Wo Erwachsenen Wohn-, Schlaf- und Arbeitszimmer zur Verfügung stehen, nutzen Kinder dafür nur einen Raum. Allein schon die Dichte an Funktionen macht das Kinderzimmer unruhig. Dazu kommt meist ein Zuviel an Spielsachen, bunten Farben und Möbeln. Wenn Sie das Kinderzimmer neu planen, schaffen Sie eine möglichst ruhige Gestaltung. Mit hellen Farben, ausgewählten Spielsachen, einem cleveren Ordnungssystem und getrennten Ruhe- und Spielbereichen werden Sie der Yin-Seite, die jedes Kind hat, gerecht. Auch eine Kuschelecke, die mit den Farben Gelb und Orange, Kissen und einer sanften Beleuchtung richtig gemütlich wird, regt zum ruhigen Spielen an.

Gelb ist eine förderliche Farbe für den Bereich Partnerschaft. Diese Zone befindet sich im Haus hinten rechts.

Platz für zwei

Gelb und das Bagua Partnerschaft

Das Element Erde ist mit drei Lebensbereichen des Bagua verbunden: Partnerschaft, Gesundheit und Wissen. Jedes Thema bezieht sich auf einen anderen Aspekt der Erd-Energie. Dass die Erde im Bagua eine dreifache Rolle spielt, zeigt, wie sehr sie das Leben beeinflusst.

Zum Bereich Partnerschaft: Er steht für den Wunsch zu lieben und geliebt zu werden. Dieser Bereich spiegelt unsere Beziehungen zu anderen Menschen und insbesondere zum Partner. Glückliche oder unglückliche Beziehungen, Verbundenheit oder Einsamkeit, Partnerschaft oder Single-Sein kommen hier zum Ausdruck. Wer viel streitet, mit anderen im Clinch liegt, sich häufig allein fühlt oder sich einen Partner wünscht, kann sich diesem Teil im Zuhause widmen. Die Farbe Gelb passt wie angegossen in diesen Bereich, der eng mit dem Erd-Element verbunden ist.

In der Tradition des Feng Shui wird der Partnerschaftsbereich mit der Rolle der Mutter verglichen, die ihre Liebe, Zeit und Aufmerksamkeit ihren Kindern widmet. Ebenso selbstlos ernährt und trägt die Erde alles Leben. Ein Essplatz in dieser Zone des Bagua pflegt Beziehungen und Kontakte und das warme, freundliche Gelb fördert ein harmonisches Miteinander.

ENERGIE FÜR DEN BEREICH PARTNERSCHAFT

Gegenstände, die paarweise angeordnet sind, z. B. zwei Herzen, zwei Rosen, zwei Kerzen • Bilder, die Gemeinsamkeit ausdrücken • sinnliche Bilder • Paarbilder • Symbole für Partnerschaft

Ihre Partnerschaft ist den meisten Menschen wichtig. Wenn die Beziehung kriselt, ist das sehr belastend. Genauso, wie die Suche nach dem Richtigen auf Dauer ermüdend sein kann. Wer in der Partnerschaft etwas Neues will, sei es eine neue Beziehung oder frischen Wind für die alte, sollte in diesem Bereich alles loswerden, was mit Trennung und Allein-Sein zu tun hat. Damit sind Briefe, Dinge und Fotos von vergangenen Beziehungen oder auch Bilder vom letzten Single-Urlaub gemeint.

Kellogg's
SPECIAL

Gelb unterstützt den Bereich Gesundheit, der im Zentrum Ihres Zuhauses liegt.

So bleiben Sie vital

Der Bagua-Bereich Gesundheit

Gesundheit ist vollständiges Wohlergehen und – laut Weltgesundheitsorganisation – nicht nur die Abwesenheit von Krankheit. Es ist der Zustand des Well being, geistiger und emotionaler Ausgeglichenheit, körperlicher Vitalität. Gesundheit ist die beste Voraussetzung für maximalen Handlungsspielraum, Leistungsfähigkeit und hohe Lebensqualität. Der Bereich Gesundheit liegt in der Mitte des Baguas, ist das Zentrum der Wohnung und der Lebenskraft. Diese zentrale Position ist bezeichnend für den hohen Stellenwert von Gesundheit in unserem Leben. Sie ist der Kern, der alles zusammenhält und jeden anderen Lebensbereich beeinflusst. Verbunden ist dieser Bagua-Bereich mit dem Element Erde, das ähnlich verbindende, vernetzende und manifestierende Eigenschaften besitzt.

Sich in seiner Mitte zu fühlen, ausgeglichen, gesund und kraftvoll zu sein, hängt also immer mit Ihrem Bagua-Bereich Gesundheit zusammen.

In Lofts, Ein-Raum-Apartments oder einigen modernen Grundrissen wird auf die klassische Diele häufig verzichtet. Verständlich, da Flure oft schwierig und mickrig sind und unsere ganzen kreativen und gestalterischen Fähigkeiten herausfordern. Doch Flure machen Sinn. Sie fungieren als Übergangsbereiche zwischen der Außenwelt und der Innenwelt Ihres Zuhauses. Wenn dieser Bereich fehlt, sind eingestellte Elemente eine gute Möglichkeit, um einen Ankunftsbereich abzugrenzen, damit der Paketbote nicht gleich neben dem Esstisch steht.

Das Zentrum ist ein sensibler Bereich im Zuhause. Ist die Mitte in irgendeiner Weise verbaut, sei es mit Mauern, Treppen, Einbauschränken oder innenliegenden Räumen, kann sich dies auf Ihre Gesundheit und Ihr Wohlergehen auswirken. Das ist, als ob das wichtigste Energiezentrum blockiert wäre. Der Bereich Gesundheit sollte unverstellt sein, damit die Energie in diesem Bereich ungehindert fließen kann. Ein heller, luftiger Verteiler leitet die Lebensenergie großzügig im Zuhause weiter. Ein gelber Anstrich und helles Licht stärken diesen meist innenliegenden Bereich.

ENERGIE FÜR DEN BEREICH GESUNDHEIT

Gefäße aus Keramik oder Terrakotta • freier Raum • Erdfarben

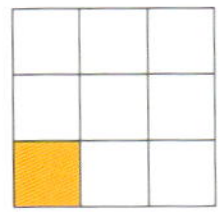

Gelb unterstützt den Bereich Wissen. Dieses Feld liegt in Ihrem Zuhause vorne links.

Das Leben verstehen

Der Bagua-Bereich Wissen

Täglich sind wir vielen neuen Eindrücken ausgesetzt. Daher braucht jeder Mensch Zeiten der Ruhe und Stille, um Erfahrungen zu überdenken und zu verstehen. Der Bagua-Bereich Wissen ist der richtige Ort, um zu lernen, zu studieren und sich Know-how und Bildung anzueignen. Er steht auch für ein umfassendes oder vernetztes Wissen, das auf Lebenserfahrung, innerer Reife und tiefem Verstehen über Wahrheiten und Zusammenhänge im Leben beruht.

Dieser Bagua-Bereich hat ein ruhiges Energiepotenzial, so stabil und erdverbunden wie ein »Berg«, das Bild für das Thema Wissen.

Im bewegten Alltag sind Momente der Ruhe rar. Und doch tun sie uns gut, sind so stärkend. Stille und Einkehr dienen dazu, neue Kräfte zu sammeln, Dinge mit Abstand zu betrachten und sich neu zu orientieren. Ein ruhiger Rückzugsort passt gut in den Bagua-Bereich Wissen. Ein gemütlicher Lesesessel und eine erdige Gestaltung schaffen einen sicheren Rahmen, um sich ganz der Reflexion und Meditation zu widmen. Inspirierende Literatur, Symbole der Weisheit und Erkenntnis, die Farben des Feuers und helles Licht tragen zu innerer Klarheit bei, um Dinge besser zu verstehen, leichter zu lernen und sich vieles besser zu merken.

ENERGIE FÜR DEN BEREICH WISSEN

Leere Gefäße aus Keramik oder Terrakotta • helles Licht • Bilder, die Ruhe ausstrahlen • Symbole für Wissen und Lernen

Der Bagua-Bereich Wissen wird auch als »Stillhalten« beschrieben. Dieser Zustand der Stille, sowohl körperlich als auch geistig, erinnert an die Praxis der Meditation. Sie dient dazu, den Geist zu beruhigen und sich der Mitte (lat. *meditatio)* zuzuwenden. Daher ist dieser Ort von besonders stiller und zurückgezogener Natur. Gut genutzt ist diese Energie mit einem gemütlichen Sofa oder einem Lieblingssessel als Rückzugsort. Die Farbe Gelb und alles, was dem Element Erde guttut, wie liegende stabile Formen oder auch die Farben des Feuers, stärken den Bereich Wissen und ein umfassendes Lernen und Verstehen.

Innere Sicherheit ausstrahlen

Gelb und die Persönlichkeit

Farbe verändert Räume, beeinflusst Stimmungen und wirkt auf die Persönlichkeit ein. Sie lässt sich individuell einsetzen, um hitzige Charaktere zu beruhigen, in Phasen großer Veränderung Stabilität zu erzeugen oder ganz allgemein bestimmte Qualitäten zu unterstützen. Wenn Sie sich unsicher sind, was Ihnen guttut, fragen Sie einfach mal Ihren Partner oder eine gute Freundin.

Mit den Farben der Erde stellen Sie Stabilität und Sicherheit her, Qualitäten, die den meisten Menschen enorm wichtig sind. Einige Menschen scheinen diese Sicherheit in sich selber zu tragen. Sie wirken so ruhig, besonnen und ausgeglichen. Während andere immer wieder an sich selber zweifeln, strahlen sie Vertrauen und Selbstbewusstsein aus. Die Art, wie sie mit beiden Beinen im Leben stehen, zuverlässig und beständig, ist faszinierend – eine Persönlichkeit mit stabiler Erd-Energie. Mit der Farbe Gelb sind diese Menschen in ihrem Element.

Wenn ein Gastgeber Sie rundum gut versorgt, ist viel Erde im Spiel. Ein fürsorgliches und verantwortungsvolles Wesen ist typisch für Erde-Menschen. Sie kümmern sich ganz selbstverständlich darum, dass die Versorgungslage stimmt. Hauptsache, es gibt gutes Essen. Was Beziehungen angeht, sind sie mitfühlend und verständnisvoll und sehr gut darin, Netzwerke zu knüpfen. Daher haben sie meistens einen nicht unbedingt großen, aber ausgewählten Freundeskreis.

Mit den Farben Gelb, Orange und Braun fühlen sie sich wohl und richtig heimisch. Die Wärme und die gemütliche Stabilität der Erdfarben passen gut zu ihrem Wesen. Und der grüne Anstrich? Die Holz-Energie hält die Erd-Energie in Schach. Wenn Sie dazu neigen, phlegmatisch zu sein, sorgt die Farbe Grün für neuen Schwung.

Helfersyndrom oder Egoist?

Erde im Ungleichgewicht

Während manche Menschen sich besonders viel um andere kümmern, sie im Extremfall sogar bemuttern (zu viel Erde), achten andere nur auf sich selber. In gewisser Weise egoistisch, fehlt ihnen das Interesse, das Verständnis und auch das Mitgefühl für andere Menschen (zu wenig Erde). Auf solche Schwankungen können Sie mit Farbe reagieren. Dabei hilft Ihnen das System der Fünf Elemente, um zur goldenen Mitte zurückzukehren.

Ein Zuviel ist ein Stau im System. Jedes Ungleichgewicht wirkt sich auf das Gesamtgefüge der Fünf Elemente oder Wandlungsphasen aus. Zu viel Erde bedeutet, dass Sicherheit, Stabilität und Beständigkeit übermäßig gewichtet werden. Aus dieser Perspektive wird Neues bedrohlich, Harmonie extrem wichtig und die Bedürfnisse anderer werden bedeutender als die eigenen. Um das Ganze ins Lot zu bringen, helfen die Elemente Holz und Metall, die beide auf ihre Art die Erd-Energie reduzieren. Konkret helfen in diesem Fall die Farben Grün und Weiß, Pflanzen und Metalle, eine Ausgeglichenheit zu erreichen

In einem ausgeglichenen System ist jeder Spieler gleich stark, wichtig und präsent. Die Ausgewogenheit der Fünf Elemente bedeutet Vollständigkeit. Alle Emotionen und Eigenschaften sind vorhanden und verfügbar. Wir können alles sein. Ein fehlendes Element sollte daher wiederhergestellt werden. Wenn Erde fehlt, fehlen Selbstvertrauen, Sicherheit und Verbundenheit mit Menschen. Die Farben Orange und Gelb (oder Pink und Braun) stärken das Element Erde im Zuhause. Und weil wir mit unserem Umfeld verbunden sind, überträgt sich diese Aufmerksamkeit auf die Persönlichkeit.

Revival der Schoko-Töne

Die Gelb-Variante Braun

Braun ist – mittlerweile wieder – eine beliebte Wohnfarbe. Neben Naturmaterialien in Braun-Tönen, wie Holz, Erde und Stein, die bei der Gestaltung von Innenräumen schon immer bevorzugt eingesetzt wurden, feiert Braun als Wandfarbe, in Möbeln und Accessoires seit einiger Zeit sein Comeback. Auch in der Mode ist Braun eine gängige Farbe.

Interessanterweise finden viele Menschen diese Farbe unsympathisch. Braun weckt unterschiedlichste Emotionen und Assoziationen – von einer bestimmten politischen Gesinnung bis zum gemütlichen Kaffeehaus und dem Genuss von Schokolade und Kaffee. Es umfasst eine weite Palette an Naturtönen, die allesamt dem Element Erde zugehörig sind und in Räumen für eine warme, gemütliche und geschützte Atmosphäre sorgen.

Braun gehört zum Spektrum der Naturfarben. Sie vermitteln Erdverbundenheit, in der wir uns sicher fühlen. Braun-Töne erinnern an Herbst und fallendes Laub. Im Bad erfüllt die Farbe Braun den Wunsch nach Rückzug und beruhigender Geborgenheit.

Helle Farben wirken leicht, weit, freundlich und sanft, während dunkle Farben Ruhe, Schwere und Geborgenheit ausstrahlen. Eine überwiegend dunkle Farbgebung kann düster und bedrückend sein. Ganz entscheidend für den Einsatz von kräftigen Farben ist eine gute Beleuchtung. In Kombination mit der Farbe Weiß und der schlichten Gestaltung wirkt diese Wand richtig elegant.

Braun erfreut sich einer ganz neuen Beliebtheit. Es hat den Ruf von »bieder, rustikal und konservativ« hinter sich gelassen und wirkt, vor allem in Kombination mit modernen Möbeln, elegant und stilvoll. Nichts mehr von Schwere und Düsterkeit. In der Küche unterstützt Braun den nährenden Charakter dieses Raums.

Weiß

Weiß ist nicht gleich Weiß

Die Farben Weiß und Grau

Weiß als Wohnfarbe bringt viel Licht und Luft in Räume und lässt sich wunderbar kombinieren. Je nach Einrichtungsstil wirkt es unschuldig, frisch, sommerlich, modern oder elegant. Was es bedeutet, wenn Sie sich komplett in Weiß einrichten, ist abhängig davon, in welcher Kultur Sie leben. In der westlichen Tradition ist Weiß die Farbe der Reinheit, der Unschuld, des Göttlichen, in östlichen Kulturen auch die Farbe der Trauernden.

In der chinesischen Tradition des Feng Shui ist Weiß, zusammen mit Grau, Silber und Gold, die Farbe des Metall-Elements. Dieses folgt im Kreislauf der Elemente auf die Erde und steht symbolisch für den Herbst, den Abend und den Westen. Das Element Metall beschreibt eine ruhige, in sich gekehrte Energie, die im Verstand, im Denken, in der Reflektion und in der Konzentration zum Ausdruck kommt.

Rein weiße Räume müssen nicht ungemütlich und steril wirken. Wenn sich Materialien und Oberflächen abwechseln, wirkt ein und dieselbe Farbe sehr unterschiedlich. Und natürlich ist Weiß nicht gleich Weiß. Es lässt sich mit jeder Farbe abtönen und erhält damit warme oder kühle Nuancen. Wunderbar ergänzen können Sie diese neutrale Farbe mit anderen Farben und Mustern.

Je leichter Sie nach oben schweben, umso besser. Mit der massiven Brüstung, den geschlossenen Stufen und dem rein weißen Anstrich wird die Lebensenergie Chi ganz spielerisch in die oberen Stockwerke geleitet. Das oberste Gebot auf der Treppe ist Sicherheit. Rutschige, zugestellte oder verzogene Stufen, wackelnde Geländer oder eine zu filigrane Konstruktion stellen auf der Treppe eine reelle oder unbewusste Gefahr dar, die sich nachteilig auf den Chi-Fluss auswirkt. Hier geht's mit Schwung nach oben, vielleicht noch mit ein bisschen Farbe?

Vollendung & Abschied

Das Element Metall

Im Herbst werden die Tage kürzer und die Nächte länger. Das Jahr neigt sich dem Ende zu, und die Natur bereitet sich auf einen langen Winterschlaf vor. Wenn im Herbst die Blätter fallen, wird die Energie des Metalls wach. Denn Metall bedeutet Vollendung, Abschied und Loslassen. Jeder Tag, jede Lebensphase, jedes Projekt und jedes Leben läuft auf diesen Punkt hinaus, der sowohl mit Freude als auch Trauer verbunden sein kann. Metall ist eine ruhige Phase im Leben, die von innerer Einkehr, Reflexion, Meditation und Konzentration geprägt ist.

Auch auf der materiellen Ebene hat Metall Eigenschaften, die sehr ähnlich gedeutet werden. Seine spiegelnde Oberfläche steht für Nachdenken, den Intellekt und analytisches Denken, seine Reinheit für das Essentielle und Göttliche und sein Wert für Reichtum und Geld.

◖ Farben wirken auf die Sinne. Sie beeinflussen Körper, Gefühle und Denken. Die Farbe Gold weckt Assoziationen zum Außergewöhnlichen, Edlen und Reichtum. Inwieweit sich die Präsenz dieser Gedanken auf die Realität auswirkt, ist wohl die spannendste Frage im Feng Shui. Können Dinge, Farben, Möbelrücken Sie reicher machen? Sicher nicht, aber wenn eine Gestaltung in der Wohnung sich mit einer starken Absicht verbindet, entsteht ein mächtiger Sog für das, was Sie sich wünschen. Gold ist übrigens Gelb und Erdtönen sehr ähnlich und hat dadurch auch stabilisierende, schützende und harmonisierende Eigenschaften.

◓ Die Metall-Energie ist nach innen gerichtet und bestimmt auf vielfältige Weise Leben und Umfeld. Sie ist aktiv, wenn Sie konzentriert nachdenken oder sich am Feierabend auf dem Sofa entspannen. Auch im Umfeld spielt diese Kraft eine Rolle in allen runden und kugeligen Formen, den Farben Weiß, Grau und Metall und dem Material an sich. In der Landschaft sind es Hügel und runde Bergkuppen, in der Architektur Tonnendächer und Kuppeln, die vom Element Metall geprägt sind. Auch in der Wohnungseinrichtung gibt es Metall-Objekte: der weiße Tisch, der graue Anstrich und die chromfarbene Lampe.

Jeder Mensch lebt anders, weil jeder Mensch anders ist. Wenn das Element Metall in der Einrichtung stark präsent ist, haben Menschen den Wunsch nach Klarheit und Ordnung. Dabei muss Metall nicht ausschließlich im Material auftauchen, sondern kann auch in runden Formen und den Farben Weiß und Grau vorhanden sein, am besten in ungerader Anzahl. Fast nur Weiß, und trotzdem wirkt dieses Ensemble sehr lebendig. Wir sehen weiß, wenn alle Lichtstrahlen von einer Oberfläche reflektiert werden. Sogar dieser rein physikalische Vorgang weist auf die Symbolik der Farbe Weiß hin. Es ist ein Symbol für Vollkommenheit und Loslassen. In China dokumentiert weiße Trauerkleidung den Abschied des Weltlichen und den Übergang in eine neue Dimension.

Mit der Farbe Weiß mit dem Element Metall unterstützen Sie auch diese Qualitäten:

Klarheit Vollständigkeit

Beherztheit Konzentration Aufmerksamkeit

Metall **Exaktheit** Einfachheit

Präzision Bestimmtheit

Entschlossenheit Disziplin

Exaktheit Vollendung analytisches Denken

Reflexion

Eindeutigkeit Struktur **Rationalität**

Gar nicht so einfach

Weiß ist Yang, Grau ist Yin

Yin-Farben sind dunkel, kühl oder sanft, Yang-Farben hell, warm oder kräftig. Daher lässt sich kaum eine Farbe eindeutig kategorisieren. Farbnuance und Farbintensität sind entscheidend. Im Spektrum der Metall-Farben gehören Weiß und Gold zu den Yang-Farben und Grau und Silber zu den Yin-Farben.

Auch in dieser Zuordnung kommt der Farbe Weiß eine Sonderstellung zu. Es ist sehr wohl hell, doch zugleich kühl und zurückhaltend. Weiß und Grau bieten sich an als Hintergrund, um mit Farben, Materialien und Oberflächen kombiniert zu werden.

Für die Liebhaber moderner Architektur ist Sichtbeton ein unverzichtbares Gestaltungselement. Die meisten Menschen sehen zunächst die Farbe – ob Sichtbeton oder Anstrich, die Wand wirkt Grau. Und bei Grau scheiden sich die Geister. In der Kleidung beliebt, bezeichnen viele Menschen Grau als trist und langweilig. Als Wohnfarbe dient Grau allemal als Hintergrund, um alle Aufmerksamkeit auf die Einrichtung oder die Architektur zu lenken. Wenn diese aufregend genug ist, warum nicht?

Das Schlafzimmer ist unser privater Rückzugsort. Hier lassen wir uns fallen und sperren die Welt da draußen aus. In diesem Raum zählt vor allem Ihr persönliches Wohlbefinden, nicht, was dem neuesten Einrichtungstrend entspricht. Bilder von Visionen und Wünschen können Sie hier platzieren, um sich täglich an sie zu erinnern.

Weiß macht kein Geschrei, sondern ist zurückhaltend und leise. Als helle, erweiternde Farbe ist Weiß bestens für ein kleines Schlafzimmer geeignet. Wer solch einfache Gestaltung liebt, wird sich hier wunderbar entspannen.

Klösterliche Ruhe

Weiß im Schlafzimmer

Die Energie Metall bereitet den Weg zur Nacht. Metall steht für den Abend und vermittelt zwischen der Aktivität des Tages und der Passivität des Schlafes. Metall ist eine wichtige Phase, in der es darum geht, Vergangenes zu verabschieden. Konkret bedeutet dies, abends körperlich und geistig zur Ruhe zu kommen und den Tag in Gedanken abzuschließen. Der Schlaf ist der größte Ausdruck von Loslassen. Die Kontrolle setzt aus, das Denken hört auf, vertrauensvoll lassen wir uns fallen. Mit der Farbe Weiß werden diese Prozesse unterstützt.

Für gesunden Schlaf steht das Bett optimal mit dem Kcpfteil an einer Wand und hält Abstand zu schweren und großen Einbauschränken. Für Ihre Partnerschaft ist eine symmetrische Anordnung günstig. Das Bett sollte für beide Partner gleich gut erreichbar sein. Wer erst über den anderen krabbeln muss, um zu »seiner« Seite zu gelangen, ist eindeutig benachteiligt. Mit einer einheitlichen Gestaltung der Nachttische, Regale und Leuchten demonstrieren Sie Zusammengehörigkeit und Einheit mit Ihrem Partner.

Reines Weiß fordert die Augen, denn es übt einen starken Reiz auf die Netzhaut aus. Ähnlich beansprucht sind die Augen im Schnee. In der Einrichtung empfiehlt es sich daher, Weiß mit dem Zusatz von Farbe leicht abzudunkeln.

Ruhe ist die Voraussetzung für erholsamen Schlaf. Lärm jeglicher Art, grelle Farben oder Bewegung sind anstrengend. Das optimale Schlafzimmer hat daher nur eine Tür. Auch der praktische und luxuriöse Zugang zum privaten Bad sorgt für Unruhe. Die Tür am besten immer geschlossen halten!

Pur, einfach und minimalistisch. Die Farbe Weiß passt gut zu der fast klösterlichen Ruhe dieses Raums. Kein wilder Mix an Farben und Formen lenkt von der meditativen Stille ab. Weiß ist ein Symbol für Meditation und Konzentration. In solch reduzierter Gestaltung richtet sich alle Aufmerksamkeit nach innen.

Eine saubere Farbe

Weiß im Badezimmer

Das Element Metall symbolisiert Reinheit und Vollkommenheit. Obwohl nicht farbig, sind in Weiß alle Farben enthalten. Weiß ist die Essenz aller Farben. Entsprechend wird im Feng Shui das Metall als die Essenz der Erde betrachtet und damit die Verbindung zum Reinen und Göttlichen hergestellt.

Abgesehen von dieser spirituellen Dimension, wird vor allem in der Werbung die Verbindung von Weiß mit Reinheit, Klarheit und Sauberkeit gern genutzt. Entsprechend ist Weiß auch im Badezimmer eine beliebte Farbe. Kombinieren Sie es in jedem Fall mit warmen Tönen, schaffen Sie einen Ausgleich mit Holz, Pflanzen oder Natursteinen, sonst wirkt es schnell kalt und ungemütlich.

◗ Die Metallenergie mit der Farbe Weiß konzentriert sich auf das Wesentliche. Diese Ausrichtung auf den Kern, das Zentrum, kommt auch in der Kreisform zum Ausdruck. Auf geistiger Ebene steht die Metall-Energie für Klarheit und Struktur und inhaltlich für essentielle Gedanken über das Leben. Rein körperlich unterstützt die Farbe Weiß alle Prozesse, die der Reinigung dienen und entspricht dem Wunsch nach Sauberkeit und Hygiene im Badezimmer.

◣ Die minimalistische Gestaltung unterstreicht das Wesen der Farbe Weiß. Nichts lenkt ab, alle Aufmerksamkeit konzentriert sich auf die reinigende Funktion des Badezimmers. Der Gesamteindruck entspricht weniger einem banalen Bad als einem sakralen Raum. Klarheit und meditative Ruhe stehen im Vordergrund.

◖ Wasser ist Lebensenergie. Seine Bedeutung macht das Bad zu einem wichtigen Teil des Zuhauses. Es sollte mehr sein als ein reiner Zweckraum. Wasser reinigt den Körper und entspannt den Geist. Wie bereichernd und erfreulich Sie Ihr Bad erleben, hängt von der Gesamtgestaltung ab. Die Farbe Weiß wirkt frisch und leicht, und mit einem persönlichen Bild wird Ihr Bad wohnlich. Achten Sie darauf, dass Objekte und Armaturen intakt sind und entrümpeln Sie die Badschränke von Zeit zu Zeit, um die Lebensenergie in Fluss zu halten.

Das Element Metall steht auch für Präzision, Schärfe und Sorgfalt, da sich das Material sehr genau verarbeiten lässt. Sich klar auszudrücken, exakt zu formulieren, präzise zu arbeiten und analytisch zu denken, zeugt von lebendiger Metall-Energie. In dieser Küche steht Funktionalität im Vordergrund. Sinnvolle Abläufe, ausreichend Arbeitsfläche, genügend Stauraum und eine gute Belichtung und Belüftung sollten jedoch bei jeder Küchenplanung berücksichtigt werden.

Weiß in der Küche

Früher hatte die Küche als wärmster Raum im Haus eine zentrale Bedeutung. Heute bestimmen wir den Stellenwert der Küche im Zuhause. Ob Kochnische, Profiküche, Wohnküche oder offener Wohn-/Essbereich, alles ist möglich. Wenn der Metallaspekt dominiert, steht eine konzentrierte Arbeitsatmosphäre im Vordergrund. Edelstahl, Weiß und Grau in Fronten oder Arbeitsplatten lenken alle Aufmerksamkeit auf das Kochen.

Das Kochen im Mittelpunkt

Weiß in Weiß suggeriert Reinheit und Ordnung. In der Realität erfordert eine weiße Einrichtung ein hohes Maß an Disziplin, um alles sauber und aufgeräumt zu halten. Das sollte die Küche allerdings immer sein, denn Essen symbolisiert wichtige Lebensenergie, und die sollte frei fließen können. Damit ist die sichtbare Ordnung genauso gemeint wie die unsichtbare, also im Schrank versteckte. Nehmen Sie sich regelmäßig Zeit, Schränke, Kühlschrank und Vorräte zu inspizieren und dabei doppelte Küchengeräte, überflüssiges Geschirr und abgelaufene Lebensmittel zu entsorgen.

Die meisten Standardküchen wirken wenig wohnlich, da jeder Zentimeter Wand noch für Oberschränke genutzt wird. Man braucht ja schließlich Platz! Denken Sie um, misten Sie aus und schaffen Sie alles, was Sie nicht mindestens einmal in der Woche brauchen, ganz ab oder in den Keller. Denn Ihre Küche wirkt wesentlich luftiger, wenn Sie – zumindest an einer Wand – auf die Oberschränke verzichten und stattdessen einfach ein Regalbrett montieren. So durchbrechen Sie die starre und zugebaute Wandgestaltung und schaffen Platz für Dekoratives. Hier sorgt gleichzeitig die dunkle Holzarbeitsplatte für ein Gegengewicht zum kühlen Blauton und zum Weiß.

Jede Gestaltung verrät, was Ihnen wichtig ist. Diese streng geometrische Anordnung spricht für den Sinn für Klarheit und Struktur. Ordnung im Außen dient der inneren Klarheit, vermittelt Ruhe und ist manchmal ein guter Ausgleich zu einem besonders ungeordneten Leben. Wer sich allerdings mehr Lebendigkeit und Lebensfreude wünscht, sollte die klare Gestaltung mit Farbe und freien Formen durchbrechen.

Schlicht tut gut

Weiß am Essplatz

Weiß ist der perfekte Mitspieler: Farben und Formen kommen davor optimal zur Geltung. Für die Hauptrolle ist Weiß zu kühl, distanziert und künstlich, zumindest im Zuhause. Rein weiße Räume wirken abgehoben und vergeistigt. Essen dagegen ist ein außerordentlich körperlicher Vorgang, wenn auch Gespräche die geistige Aktivität ansprechen. Am Essplatz sorgt Weiß für Helligkeit, sollte jedoch mit Farbe kombiniert werden.

Weiß bringt die Qualitäten Ruhe und Konzentration an den Esstisch. Weiß zerrt nicht an den Nerven oder lenkt ab, sondern konzentriert sich auf das Essen und die Gespräche. Weiß bewirkt eine Atempause in dieser schnelllebigen Zeit, in der wir von Termin zu Termin hasten, Abende verplanen und zwischen Tür und Angel essen. Insofern tut eine schlichte Gestaltung am Essplatz gut. Leicht abgetönt, sind weiße Wände hell und luftig und wesentlich wohnlicher.

Kaum jemand würde Weiß als seine Lieblingsfarbe bezeichnen. Auch, wenn Weiß fast ausschließlich positive Assoziationen weckt, ist es doch distanziert und abgehoben. Als Raumfarbe bewirkt Weiß eine entspannte und dennoch introvertierte Wohnatmosphäre. Vor allem, wenn es aufgelockert wird – wie hier durch die ornamentale Wandgestaltung und den verspielten Leuchter. Und am runden Tisch ist jeder Sitzplatz gleichberechtigt. Daher fördert diese Tischform kreative und fokussierte Gespräche.

Der Einrichtungsstil macht's: Selbst kühles Weiß und zurückhaltendes Grau wirken an diesem Essplatz im Landhausstil richtig wohnlich. Auch am Esstisch ist nicht jeder Platz gleich. Der angenehmste Platz ist hier auf der Bank: mit der Wand im Rücken und dem Raum im Blick haben Sie die sicherste Position eingenommen.

Erhöht die Konzentration

Weiß im Arbeitszimmer

Wenn Sie sich gern an Ihren Schreibtisch setzen und effektiv Ergebnisse schaffen, haben Sie schon viel richtig gemacht. Ein guter Arbeitsplatz sollte die geistigen Fähigkeiten steigern, denn Arbeit hat Einfluss auf Erfolg und finanzielle Fülle. Das Metall-Element mit den Farben Weiß, Grau, Silber und Gold fördert die Konzentration, analytisches Denken, konsequentes Vorgehen und den finanziellen Erfolg.

◀ Ein Home-Office ist praktisch, weil der Weg zum Arbeitsplatz entfällt. Andererseits lassen sich Arbeit und Privates häufig schwer trennen. Je präsenter der Arbeitsplatz in Ihrem Zuhause, umso mehr Einfluss auf Ihr Privatleben: Wenn Ihr erster Blick von der Haustür auf das Arbeitszimmer oder im Wohnzimmer auf den Schreibtisch fällt, nimmt Arbeit vermutlich einen hohen Stellenwert in Ihrem Leben ein. Eine Nische im Wohnraum oder ein ruhig gelegenes Zimmer sind eine gute Lösung, um die Arbeit in das Zuhause zu integrieren. Wenn Ihnen nur der Platz im Wohnzimmer bleibt, schaffen Sie mit Raumteilern einen eigenen Bereich.

▲ Auf diesem kleinen Tisch ist kein Platz für Krempel. Stapeln sich schon Rechnungen, Papiere und Unterlagen auf Ihrem Schreibtisch, treibt Sie der Anblick ihres Arbeitsplatzes rückwärts aus dem Zimmer, ist Aufräumen und Entrümpeln angesagt! Ordnung lohnt sich. Wenn nichts ablenkt, können Sie Ihren Gedanken und Ideen freien Lauf lassen.

Eine neutrale Basis

Weiß im Wohnzimmer

Jede Wohnung hat ein Zentrum, einen Raum, in dem alle Fäden zusammenlaufen. Egal ob Wohnküche, Wohnzimmer oder der offene Wohn-/Essbereich, in diesem Raum sollen Sie sich wohlfühlen. Je schöner dieser Raum, umso erholsamer, geselliger und lebendiger geht es hier zu. Weiß erzeugt ein neutrales Umfeld, das jeder auf seine Art bespielen kann. Erst die Akteure wie Menschen, Möbel, Farben und persönliche Dinge erwecken es zum Leben.

Licht beeinflusst Stimmungen und Emotionen. Dabei kann keine noch so gute künstliche Lichtquelle das Tageslicht ersetzen – jedoch wirkungsvoll unterstützen. Damit wir uns wohlfühlen, ist vor allem im Wohnzimmer ein differenziertes Konzept gefragt. Eine Grundbeleuchtung an der Decke, Steh- oder Tischleuchten, die angenehmes Stimmungslicht verbreiten, und eventuell ein helles Arbeitslicht zum Lesen – und schon setzen Sie die verschiedenen Bereiche in Ihrem Wohnzimmer gekonnt in Szene.

Grau muss nicht trist sein: Kombiniert mit warmen Farben oder mit Weiß wirkt es sanft und elegant. Grau wird auch dem Element Metall zugeordnet und sollte zum Auffrischen immer mit hellen Tönen kombiniert werden.

Fördert Struktur & Ordnung

Weiß im Kinderzimmer

Kinder müssen sich in ihrem Reich wohlfühlen. Sie brauchen einen Raum im Zuhause, der ihren Vorstellungen entspricht und an ihre Bedürfnisse angepasst ist. Unabhängig von allen Tipps zur Kinderzimmergestaltung sollte immer das Wesen des Kinds im Vordergrund stehen. Individualität kommt vor allen Prinzipien.

Das Element Metall und die Farbe Weiß fördern den Sinn für Ordnung und Struktur. Das Zimmer aufgeräumt zu halten, verlangt von Kindern organisatorische Fähigkeiten und strukturiertes Denken. Auch das will gelernt sein. Dafür ist eine kindgerechte Ordnung wichtig.

Kinder mit ausgewogener Metall-Energie mögen Ordnung und Struktur. Sie können sich gut konzentrieren und bearbeiten Aufgaben diszipliniert und gewissenhaft. Auch Spiele und Aufgaben haben sie schnell verstanden und durchdacht. Sie sind wählerisch und spüren sehr genau, was und wer ihnen guttut. Was sie nicht wollen, lehnen sie deutlich ab. Geraten die Metallkräfte aus dem Lot, sind sie sehr auf sich fixiert, unflexibel und zurückgezogen. Diese Kinder sollten nicht im Hochbett schlafen, da ihnen dort der Kontakt zur Erde verloren geht.

Mit der Ordnung ist das so eine Sache. Kinder haben ein anderes Verständnis davon als Eltern, und in vermeintlicher Unordnung können sie Kreativität entwickeln. Weil das Spiel so und nicht anders aufgebaut ist, entstehen neue Anregungen. Allerdings ist ein gewisses Maß an System notwendig, um Platz zum Spielen und Raum für neue Ideen zu haben. Eigentlich ist die Ursache des Ordnungsproblems die Flut an Spielsachen, die unsere Kinder und ihr Zimmer überrollt. Da hilft als Erstes Ausmisten und dann ein Ordnungssystem, das Kindern einleuchtet. Regale und Kisten in erreichbarer Höhe, die genau zugeordnet werden, erleichtern das Aufräumen.

Wie Sie bereits wissen, ist alles, was im Außen ist, ein Ausdruck des inneren Zustands. Bedenkt man die Flut an Reizen und Eindrücken, die auf Kinder hereinströmen, ist Unordnung im Kinderzimmer nicht verwunderlich. Planen Sie auch ruhige Zeiten ein, ohne Termine und Verabredungen. Sortieren Sie Spielzeug, das beschädigt, nicht geliebt oder nicht altersgerecht ist, aus. So sorgen Sie im Außen für mehr Übersicht, die Kindern hilft, sich zu orientieren und positiv zu entwickeln.

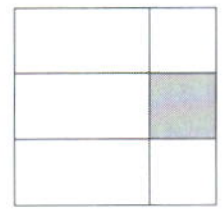

Weiß unterstützt den Bagua-Bereich Kinder. Dieser Bereich liegt vom Eingang aus betrachtet Mitte rechts.

Weiß und der Bagua-Bereich Kinder

Das Bagua beschreibt das Energiepotenzial in einem bestimmten Bereich des Zuhauses. Die Energie im Bereich Kinder ist dynamisch und lebendig. Sie ist mit dem Element Metall und den Farben Weiß, Grau und Metall verbunden.

Das Feld Kinder repräsentiert Ihr kreatives Potenzial. Größter Ausdruck davon sind Ihre Kinder. Auch geistige Nachkommen wie Projekte, Vorhaben und Unternehmen stehen für Ihre schöpferische Seite. Die Qualität des Kinder-Bereichs ist Lebensfreude. Wenn die Energie stimmt, sind Ihre Kinder und Vorhaben ein Ausdruck von Freude, Lebendigkeit und Kreativität, und die Aufmerksamkeit, die Sie ihnen schenken, kehrt in Liebe und Erfolg zu Ihnen zurück. Auch aus der Perspektive des Metall-Elements ist die dazugehörige Tageszeit, der Abend, heiter und gelassen. Der Tag ist vollbracht und wir genießen die Früchte unserer Arbeit. Feierabend!

Wenn Sie etwas wirklich gern tun, erschaffen Sie spielerisch Ergebnisse. Die Freude, sich auszudrücken und Ideen zu verwirklichen, entspricht dem Bagua-Bereich Kinder. Unordnung und Gerümpel stehen für Widerstände, die sich sowohl in anstrengenden Projekten, mangelnden Ideen und schwierigen Eltern-Kind-Beziehungen offenbaren können. Gegenstände, die Freude und Genuss symbolisieren, beflügeln die Kreativität und glückliche Beziehungen. Ein paar Beispiele: schöne Dekorationen, Blumen, Bilder, Musik, Instrumente, Klangspiele oder Kunstwerke.

Im Kinder-Bereich ist frohes Schaffen angesagt. Die Energie in diesem Teil Ihres Zuhauses spricht Schöpferkraft, Kreativität und Fantasie an.

Kreativität & Lebensfreude

Die Kinder-Zone ist von beschwingter und dynamischer Energie. Für einen kommunikativen Essbereich gut geeignet, als Schlafplatz weniger zu empfehlen. Ganz in Weiß gehalten, wirkt dieser Essplatz unglaublich leicht und erzeugt damit spielerische Gelassenheit und Heiterkeit im Bereich Kinder.

ENERGIE FÜR DEN BEREICH KINDER

Gegenstände und Bilder, die an Freude und Genuss erinnern • Kunstwerke • Musik • frische Blumen • Metallklangspiele

Weiß fördert den Bagua-Bereich Hilfreiche Menschen. Dieser Bereich liegt vom Eingang aus betrachtet vorne rechts.

Geben & Nehmen

Weiß und der Bagua-Bereich Hilfreiche Menschen

Hier sind Freunde willkommen. Der Bagua-Bereich Hilfreiche Menschen steht für die Bereitschaft, andere Menschen zu unterstützen, zu fördern und zu bereichern – und umgekehrt unterstützt zu werden, auf sichtbare und unsichtbare Weise, durch Freunde, Kollegen, Förderer, Mentoren, jede Person, die uns weiterbringt, und genauso die glückliche Fügung und den so genannten Schutzengel. Voraussetzung ist die Absicht, Unterstützung anzunehmen und nicht alles allein machen zu wollen – und umgekehrt anderen ihren Erfolg und ihr Glück zu gönnen. Was wir anderen zugestehen, erlauben wir auch uns selber. Mit dieser Grundeinstellung entstehen Freundschaft, bereichernde Beziehungen, Verbundenheit und Netzwerke, in denen alle gewinnen: eine gute Basis für ein erfolgreiches und glückliches Leben.

▸ Der Bereich Hilfreiche Menschen wird mit dem Element Metall verbunden und mit den Farben Weiß, Silber und Gold verstärkt. Wenn in diesem Teil des Zuhauses ein großer Esstisch auf Besuch wartet, haben Freunde einen Platz in Ihrem Leben.

◂ Wenn im Zuhause ein Platz für Freunde ist, sind auch in Ihrem Leben Unterstützung und Verbundenheit vorhanden. Damit ist die tatkräftige Hilfe beim Umzug gemeint, der persönliche Beistand oder die berufliche Förderung durch Kollegen oder Vorgesetzte. Ein Wohnzimmer oder ein Gästezimmer sind daher im Bereich Hilfreiche Menschen genau richtig. Wenn dieser Bereich in Ihrem Haus fehlt, erledigen Sie Dinge vielleicht lieber im Alleingang oder vermissen womöglich Erfahrungen, in denen Sie ge- oder sogar befördert werden oder einfach nur mal »Glück haben«.

ENERGIE FÜR DEN BEREICH HILFREICHE MENSCHEN

Bilder von Freunden und Förderern • Schutzsymbole, z. B. Engel • Halbedelsteine • Regenbogenkristalle und Mineralien

Klar und aufgeräumt

Weiß/Metallfarben und die Persönlichkeit

Das Metall-Element bezeichnet hier nicht die materielle Substanz, sondern einen Energietyp, eine Atmosphäre oder ein bestimmtes Temperament. Metall-Kräfte sind festigend und nach innen gerichtet. Menschen, die diesem Energie-Typ angehören, sind charakterstark, klug und intellektuell. Sie denken analytisch und können gut mit Zahlen und Finanzen umgehen. Sie arbeiten exakt und strukturiert und können sich klar und präzise ausdrücken.

Für die meisten Menschen zählen Regale zum praktischen Stauraum, der optimal ausgenutzt wird. Ein Regal, das der Präsentation schöner Objekte dient, ist daher selten. Auch, wenn Sie nicht über solch großzügigen Platz oder eine dekorative Sammlung verfügen, sortieren Sie den Inhalt Ihrer Regale regelmäßig aus. Bücher sollten Sie persönlich weiterbringen und Dekorationen der Jahreszeit entsprechen. Wenn Sie Platz geschaffen haben, lassen Sie Lücken, um schöne Objekte, Bilder oder besondere Bücher zu präsentieren. So lockern Sie das Regal optisch auf und aktivieren das Chi.

Die Fähigkeit, sich auf das Wesentliche zu konzentrieren, schließt Klarheit und Entschlossenheit ein. Wenn Menschen ausgewogene Metall-Eigenschaften besitzen, können sie gut loslassen. Auf einer materiellen Ebene können diese Menschen gut entrümpeln und bevorzugen eine klare, aufgeräumte Umgebung. Denn viele Dinge, viel Kram stören die Übersicht – und das entspricht so gar nicht ihrem Wesen.

Berechnend oder unentschlossen?

Metall im Ungleichgewicht

Das Leben ist im ständigen Wandel begriffen. Die Elemente beschreiben Phasen und Energieformen, die alle Materie durchläuft. Beim Menschen sind die einzelnen Energietypen unterschiedlich ausgeprägt, mal dominiert die Erd-, mal die Metall-Energie und so weiter. Wenn das Metall-Element besonders stark vertreten ist, können Menschen übertrieben perfektionistisch, hart und berechnend sein. Wenn diese Energie schwach ist, fehlt ihnen Klarheit, Struktur, Disziplin und Entschlossenheit.

Das Element Metall hat ein komplexes Wesen. Im heißen Zustand ist es formbar, erkaltet wird es hart und starr. Es beinhaltet sowohl die Möglichkeit der Veränderung als auch der Stärke. Ebenso differenziert äußert sich die Metall-Energie in der Persönlichkeit. Wenn allerdings die Metall-Energie überwiegt, können Menschen extrem hart sein, auch sich selber gegenüber oder, und das ist die andere Seite, niedergeschlagen und selbstmitleidig. Ausgeglichen wird ein Übermaß mit dem Wasser- und dem Feuer-Element, zum Beispiel mit Licht, den Farben Rot, Blau und Schwarz und natürlich fließendem Wasser.

Blau

Ein Abbild von Tiefe und Weite

Die Farbe Blau

Blau ist die meistgenannte Lieblingsfarbe. Vielleicht, weil sie uns an blauen Himmel, Meer und Urlaub erinnert. In vielen Kulturen, so auch im Feng Shui, wird Blau mit Ruhe und Stille assoziiert.

Blau ist eine Farbe der Tiefe und Weite. Der ferne Horizont verschwimmt in einem blauen Dunst, und die Tiefen des Meeres schimmern in einem dunklen Blau. Wir sprechen auch vom Ausflug ins Blaue und meinen damit eine Fahrt in die unbestimmte Ferne. Blau weicht zurück. Je kälter und heller die Farbe, umso entfernter scheint sie.

Im Feng Shui ist Blau ist die Farbe des Elements Wasser. Zum Element Wasser gehört nicht nur das Wasser als solches, sondern auch Erscheinungen wie der Winter, die Nacht und die Farben Schwarz und Blau. Sie haben alle eine gemeinsame Grundenergie. Auch in der Persönlichkeit des Menschen zeigt sich die Wasser-Energie in besonderen Eigenschaften und Fähigkeiten: in Willenskraft, Weisheit, Wissen und in der Emotion Angst.

Helle und kühle Farben weichen zurück und suggerieren Weite und Tiefe. Kleine Räume erscheinen auf einmal größer, ein enges Bad viel luftiger. Das in die Wand integrierte Regal ist eine clevere Lösung für ein Mini-Bad. Ist es offen, wie in diesem Fall, sollte Ihr Badregal aufgeräumt und luftig bestückt sein. Denn viele Dinge oder gar Chaos erzeugen Unruhe. Wem eine klare Organisation schwerfällt, ist mit einem geschlossenen Schrank besser beraten.

Blau und das Element Wasser

Wie Sie bereits wissen, hängt die Bedeutung der Farben immer mit den entsprechenden Elementen zusammen. Blau ist die Farbe der Wasser-Energie. Genau genommen müsste man sagen: Blau und Schwarz. Doch da Schwarz als Wohnfarbe nur bedingt einsetzbar ist, haben wir uns im Hauptteil auf die Farbe Blau beschränkt. Einen kurzen Abstecher zur schwarzen Wand finden Sie am Ende des Kapitels.

Alle Eigenschaften, die zum Wasser gehören, werden auch durch die Farbe Blau repräsentiert.

Das Element Wasser ist ein Symbol für das Leben und den Lebensweg. Was beide gemeinsam haben: Sie sind in einem permanenten Fluss. Und der ist manchmal wild und dynamisch, manchmal ruhig und langsam. Das Wasser steht für die Bereitschaft, sich dem Lauf des Lebens hinzugeben, mit dem Strom zu schwimmen anstatt dagegen anzugehen. Es bedeutet, »seinen Weg« zu finden und zu machen und sich dadurch weiterzuentwickeln.

Wasser ist ein Bild für das Meer der Gefühle und das Sammeln von Wissen und Erfahrungen. Seine Tiefe symbolisiert die Tiefen des Bewusstseins, seine spiegelnde Oberfläche Reflexion und Selbsterkenntnis. Zum Wasser zählen Qualitäten wie Vertrauen, Frieden, Sicherheit, innere Stärke und Gelassenheit.

Im permanenten Fluss

Eine Vorliebe für Blau haben häufig Menschen, die gern lesen, nachdenken und insgesamt ein ruhiges Leben bevorzugen. Sie haben sich intuitiv für die Farbe entschieden, die am meisten Ruhe und Stille verbreitet. Aus der Perspektive des Feng Shui ist Blau gleich Wasser-Energie, die kühl, ruhig und fließend ist. Im Bad werden die Farben Blau und Schwarz als erholsam und beruhigend erlebt. Sie erinnern an die Tiefen des Meeres und erzeugen eine beinahe meditative Stimmung.

Die Energie des Wassers ist fließend. Sie zeigt sich entsprechend in geschwungenen Formen, im Material Glas und natürlich im Wasser. Brunnen, Wasserbilder und Wasserflächen in der Umgebung des Zuhauses und die Farben Blau und Schwarz aktivieren dieses Element. Der blaue Stuhl, die schwarze Vase, der Glastisch und die Wellen-Strukturen sind konkrete Beispiele in der Einrichtung.

Mit der Farbe Blau mit dem Element Wasser unterstützen Sie auch diese Qualitäten:

Weisheit Entspannung Intuition

Ausdauer Wissen **Zustimmung** Vertrauen

Wasser Geduld Ruhe

Anpassung Kraft **Lebensweg**

Erkenntnis Verständnis **Nachdenken**

Inspiration Kommunikation

Friedlich und kühl

Blau ist eine Yin-Farbe

Dunkle und kalte Farben, wie Blau und Schwarz, sind von Natur aus beruhigend und passiv und werden als Yin-Farben bezeichnet. Auch das Element Wasser vertritt eine ausgeprägte Yin-Energie. Die entsprechenden Zeiten Winter und Nacht stehen für maximalen Rückzug und größte Passivität. Wir nutzen beide Phasen dazu, unsere Kräfte zu sammeln.

Blau und Schwarz sind, als Yin-Farben, entspannend und verbreiten eine friedliche Stimmung, die gut in ein Schlafzimmer, ein Bad oder auch Arbeitszimmer passt.

◗ Blau kann kühl und ungemütlich sein. Kombinieren Sie dazu warme Farben. In der Sprache der Elemente ausgedrückt: Für eine ausgeglichene Stimmung sollten alle Energien präsent sein. Das bedeutet nicht zwangsläufig eine schreiend bunte, sondern eine abwechslungsreiche Gestaltung. Auch Formen und Materialien tragen dazu bei. Ein paar warme Akzente gleichen die Kühle aus. Vor dem Hintergrund der beige-braunen Wand und belebt mit frischen Blumen, erscheint dieser blaue Essbereich beschaulich und heiter.

◖ Yin-Farben eignen sich dazu, heiße Räume abzukühlen. Das Gegenstück zur passiven Yin-Energie ist die aktive Yang-Energie, die im Sommer und in der Mittagshitze ihren Höhepunkt erreicht. Im stark aufgeheizten Dachgeschoss oder in einem Raum mit großem Fensteranteil im Süden ist Blau herrlich erfrischend. Hier ist Blau ein Ausgleich zur sonnigen Yang-Kraft und sorgt auf diese Art für eine ausgewogene Raumatmosphäre.

Der perfekte Rückzugsort

Blau im Schlafzimmer

Ein guter, tiefer und entspannter Schlaf ist entscheidend für Ihr Wohlbefinden. Diesen Zusammenhang kennen wir alle, vor allem, wenn wir mal schlecht geschlafen haben. Im Schlaf erholen sich Körper und Geist und sammeln neue Kräfte. Daher sollte im Schlafzimmer alles auf Ruhe und Entspannung ausgerichtet sein, ist es doch tatsächlich ein Raum, in dem Sie viel Zeit Ihres Lebens verbringen. Auch Farbe trägt dazu bei. Blau ist als Farbe des Wasser-Elements höchst beruhigend, denn in der Nacht erreicht die Wasser-Energie ihren Höhepunkt.

◗ Blau tut vor allem den Menschen gut, die sich mit ihren Zweifeln und Bedenken häufig im Weg stehen, denn es stärkt das Vertrauen in sich selber. Allen, die zuerst Bestätigung im Außen suchen und ihren Wert durch andere definiert sehen, schenkt Blau innere Sicherheit und Selbstbewusstsein. Das blaue Betthaupt scheint wie eine Einladung, sich vertrauensvoll fallen zu lassen.

◖ Im Schlaf begeben Sie sich ganz und gar in die Hände der passiven Yin-Energie. Um Ruhe und Entspannung zu vertiefen, können Sie im Schlafzimmer die Yin-Kräfte stärken, mit beruhigenden Farben wie Hellblau oder auch mit weichen Stoffen und Teppichen.

Zum Wasser-Element gehört auch das Reich der Träume und jede Erfahrung, die sich dem bewussten Denken entzieht, zum Beispiel Intuition oder Meditation. Die Farbe Blau beinhaltet diese geistige Dimension und kann, wie man auf dem Foto sieht, auch sehr verträumt wirken.

Jedes Element steht in Verbindung mit einer Hauptemotion. Die Wasser-Energie entspricht der Angst, ein Gefühl, das alle Menschen kennen, aber ablehnen. In der Lehre des Feng Shui ist die Angst keineswegs negativ bewertet, sondern ein sinnvolles Gefühl, das dazu dient, das Leben zu schützen, indem es eine natürliche Vorsicht verleiht. Erst wenn die Angst überhand nimmt, bremst sie den Fluss des Lebens und verhindert Weiterentwicklung. Mit der Farbe Blau wird weder Angst produziert noch verstärkt, sondern Mut und Vertrauen mobilisiert.

Im Schlafzimmer sind uns Schutz und Geborgenheit wichtig. Daher sollte das Bett immer mit dem Kopfende an einer Wand stehen. Wenn die nun fehlt? Ein Betthimmel erschafft ein eigenes heimeliges Reich, und der Himmel rückt ein wenig näher. Diese Maßnahme bietet sich auch im Kinderzimmer oder in Räumen mit hohen Decken an. Damit die Energie am Kopfende nicht abstürzt, kann sich das Bett auch an ein Möbel anlehnen.

Es muss nicht immer ein großflächiger Anstrich sein. Auch blaue Akzente vermitteln Ruhe, Vertrauen und innere Stärke, insbesondere dort, wo Sie sich viel aufhalten, zum Beispiel am Arbeitsplatz oder am Bett. In den blauen Vasen steckt das Element Wasser doppelt und dreifach: in der Farbe, im Material Glas und gelegentlich im Inhalt.

Ausgleich mit warmen Farben

Blau im Badezimmer

Das Bad ist das Zentrum der Wasser-Energie. Sichtbar und unsichtbar ist diese Kraft im Badezimmer präsent. Wasser ist Entspannung pur, besonders für diejenigen, die ein heißes Bad lieben. Die Qualitäten Rückzug und Stille entsprechen der Privatheit des Badezimmers. Kraft, Sicherheit und Vertrauen passen ideal zu der persönlichen Stimmung. Im Bad findet der Übergang von der Nacht zum Tag und umgekehrt statt. Es vereint die Aktivität des Tages mit der passiven Nachtruhe. Entsprechend symbolisiert das Element Wasser Anfang und Ende – des Tages, des Jahres, des Lebens. So betrachtet, ist die Wasser-Energie im Bad reichlich vertreten und sollte daher mit anderen Farben ergänzt werden.

Mit dem Wohnungsbau der 1920er Jahre kamen die kleinen Bäder, meist innenliegend und extrem platz minimiert. Mit unserer heutigen Wohlfühl-Kultur ist man dazu übergegangen, den Bädern wieder mehr Aufmerksamkeit und Großzügigkeit zu schenken. Zum Glück, denn in sehr beengten Räumen ist auch der Energiefluss äußerst eingeschränkt. Wenn Sie wählen können, entscheiden Sie sich immer für ein Bad mit natürlicher Belichtung. Ein Fenster, und sei es auch noch so klein, verbessert die Raumluft und macht einen Raum erst zum Zimmer.

Die Schlichtheit dieses Bads ist bestechend. Wären da nicht die schönen Mosaikfliesen und die klare Form der Badewanne, würden wir sagen, es ist kalt und ungemütlich. Und für den ein oder anderen Betrachter mag das trotz oder gerade wegen der puristischen Gestaltung gelten. Und ganz ehrlich – ein paar warme und wohnliche Elemente täten dem Raum gut. Das ist schnell gelöst: Ein kuscheliger Badteppich oder, für die Puristen, ein edler Holzvorleger erhalten die Schlichtheit und bringen ein wenig Wärme in den Raum.

Ernste Stimmung

Blau in der Küche

Was das Wasser fürs Bad, ist das Feuer für die Küche. Die Feuer-Energie ist das zentrale Element in der Küche, denn ohne Feuer, ohne den modernen Herd kein Kochen, kein Essen. Nahrung bedeutet Lebensenergie und nimmt einen wesentlichen Einfluss auf Ihre Gesundheit. Blau dagegen hemmt den Appetit. Aus Sicht der Fünf Elemente löscht das Wasser das Feuer und schränkt sein Potenzial ein. Daher ist Blau in der Küche nur bedingt geeignet.

Feuer und Wasser vertragen sich nicht. Daher ist Blau nicht unsere bevorzugte Küchenfarbe. Für eine entspannte und nicht angespannte Stimmung kommt dem dazwischenliegenden Element Holz eine vermittelnde Rolle zu. Eine hölzerne Arbeitsplatte sorgt beispielsweise für Ausgewogenheit. Ein guter Energiefluss entsteht, wenn auch die Farben Gelb und Orange ins Spiel kommen.

Blau im Esszimmer

Der Essplatz ist ein geselliger Ort. Neben der schlichten Nahrungsaufnahme dient dieser Platz als Treffpunkt für Familie und Freunde. Hier wird gelacht, geredet, diskutiert und gefeiert. So gesehen, beeinflusst die Farbe nicht nur die tägliche Energiezufuhr, sondern auch die Qualität des Zusammenseins. Blau am Essplatz verbreitet die typische friedliche und etwas ernste Wasser-Stimmung. Vor allem, wenn Ihr Bedürfnis nach Aktivität und Trubel gedeckt ist und Sie sich in aller Ruhe Ihrem Essen widmen möchten, passt Blau.

Farben verändern Räume und beeinflussen Emotionen. Ein heller blauer Anstrich erzeugt Weite und vermittelt Ruhe, sodass Gespräche am Essplatz eher tiefgehend als ausgelassen und hitzig ausfallen. Die kühle Wasser-Farbe wirkt ausgleichend auf Menschen mit einem impulsiven Wesen, die gelegentlich laut und unbeherrscht sind. Wenn Sie viel müde und antriebslos sind oder den Wunsch nach mehr Besuch verspüren, ist Blau zu introvertiert. Dann wären anregende Farben der passende Ausgleich. In diesem Fall blättern Sie vor zu den Kapiteln Rot und Gelb.

Nichts für Träumer

Blau im Arbeitszimmer

Blau sorgt für einen kühlen Kopf, und der macht es bekanntlich leichter, klar zu denken. Als Vertreter der Wasser-Energie fördert Blau eine intensive Auseinandersetzung mit einer Aufgabe oder einem Projekt. Es verleiht die nötige Ruhe zum Lernen und Studieren. Der Durst nach Wissen liegt in der Natur des Wassers. Haben Sie die Tendenz, sich in Ihren Gedanken zu verlieren und gern zu träumen, sollten Sie Ihre Wand lieber grün streichen, weil Grün Sie mehr ins Tun bringt.

Blau stärkt den Zugang zu Intuition, innerem Wissen und Weisheit, denn das Wasser ist ein Symbol für die Tiefen des Bewusstseins und für Erkenntnis und Einsicht.

Häufig kombiniert werden Arbeiten und Wohnen. Grundsätzlich gilt: Die Verbindung von zwei unterschiedlichen Funktionen in einem Raum bedeutet immer eine inhaltliche Vermischung. Vom Sofa zieht uns der unerledigte Papierkram an den Schreibtisch, und am Schreibtisch lockt das Sofa. Für intensives Arbeiten einerseits und vollständige Entspannung andererseits ist eine optische Trennung hilfreich, zum Beispiel durch eine Pflanze, eine größere Leuchte, ein Paravent oder ein frei stehendes Möbel.

Blau hat im Arbeitsumfeld Vor- und Nachteile. Seine beruhigende Seite bewirkt, dass Sie leichter still sitzen, aber vielleicht auch schneller abschweifen. Anregende Farben steigern die geistige Aktivität und Produktivität. Daher ist ein Kombination aus Yin- und Yang-Tönen empfehlenswert. Viele Menschen können sich im organisierten Arbeitsumfeld besser konzentrieren. Der Schreibtisch muss nicht leergefegt sein, wie dieser. Allerdings sind stetig wachsende Papierstapel kraftzehrend und aufdringlich. Ständig erinnern sie Sie an Zeitmangel, fehlende Lust oder die Unfähigkeit, für Ordnung zu sorgen. Und je höher der Stapel wächst, umso größer die Hürde. Ein Tipp: Geben Sie Ihrem Papierkram einen begrenzten Platz in einer Schublade oder einem Korb. Bevor dieses Element aus allen Nähten platzt, räumen Sie auf.

Blau im Wohnzimmer

Früher hatte der Wohnraum in erster Linie repräsentative Funktion, heute ist dieser Anspruch dem Wunsch nach Entspannung, Geselligkeit und Behaglichkeit gewichen. Blau im Wohnzimmer erhöht den Erholungswert. Blau ist die richtige Farbe, um abzutauchen, zu träumen, zu lesen und zu entspannen. Doch Blau ist nicht unbedingt wohnlich. Seine kühle Natur entspricht so gar nicht unseren Vorstellungen vom gemütlichen Wohnen. Umso wichtiger ist es, das kühle Blau mit den warmen Farben Rot, Pink, Orange oder Gelb zu verbinden.

▶ Blau hat für Körper und Geist eine kühlende, entspannende und regenerierende Wirkung. Daher wird Blau gern im Schlafzimmer, in Meditationsräumen oder auch im Arbeitszimmer eingesetzt oder um besonders nervöse Menschen zu beruhigen. Für den Wohnraum ist Blau als Raumfarbe zu winterlich kühl. Das Übergewicht eines Elements führt immer zu einer Störung des Gesamtgefüges. Wenn alle Elemente möglichst ausgewogen vorhanden sind, entsteht das größte Wohlbefinden. In diesem Fall sind die Elemente Holz, Feuer und Erde eine optimale Ergänzung.

Winterlich kühl

◀ In Kombination mit Farbe wird die Stimmung fröhlich und heiter. Auch die roten Tulpen tragen dazu bei. Im Wohnzimmer ist eine gute Mischung aus anregenden und beruhigenden Tönen gefragt. Pink, Rot und Orange vertragen sich gut mit einer aktiven und geselligen Stimmung. Die zarten Blau- und Grün-Töne entsprechen den ruhigen und stillen Momenten.

Für unruhige Geister

Blau im Kinderzimmer

Kinder sollen sich optimal entfalten können, in ihrer persönlichen Entwicklung und in ihrem Wachstum gefördert werden. Auch wenn grundsätzlich alle Kinder der Welt mit Neugierde und Begeisterung begegnen, so sind sie doch individuell verschieden – von besonnen und still zu wild und extrovertiert, von konzentriert zu ganz und gar chaotisch. Vor allem Wasser-Kindern tut ein blauer Anstrich im Kinderzimmer gut. Sie befinden sich damit in ihrem Element. Lesen Sie dazu über das Element Wasser in der Persönlichkeit, Seite 184.

▸ Kinder mit ausgewogener Wasser-Energie ruhen in sich selber. Sie können sich sowohl hoch konzentriert allein beschäftigen als auch gut mit anderen Kindern spielen. Gerät das Wasser aus dem Gleichgewicht, streifen die Kinder Dinge nur oberflächlich oder sind so versunken und zurückgezogen, dass der Kontakt zu ihren Freunden manchmal schwierig ist. Vor allem auf die ungeduldigen und sprunghaften Kinder wirkt eine blaue Wand ausgleichend und beruhigend.

Das sollte das Kinderzimmer sein: ein Reich für die Kleinen. Möglichst hell, am besten herrlich sonnendurchflutet und schön groß. Für die ganz Kleinen darf es auch ein Platz im Elternschlafzimmer sein, doch früh genug brauchen Kinder ihr eigenes Reich: ein Raum, der ganz und gar ihren Bedürfnissen entspricht. Dazu gehört viel Platz zum Toben und Spielen, ein ruhiges Nest zum Schlafen, ausreichend Stauraum und für größere Kinder ein gut positionierter Schreibtisch.

Auch Kinder brauchen Ruhe. Heutzutage sind die meisten Kinderzimmer extrem überreizt. Zu viel Krimskrams, zu viele Spielsachen in bunten Farben, unterschiedlichsten Materialien und allen Größen machen den Raum unruhig und verwirrend. Kinder sind damit überfordert. Sie verlieren den Überblick, was am leidigen Thema Aufräumen besonders auffällt. Auch hier ist weniger mehr. Ausgewählte Spielsachen und eine ruhige Gestaltung mit dezenten Farben machen den Raum übersichtlich und klar. Das sanfte Blau tut ein Übriges.

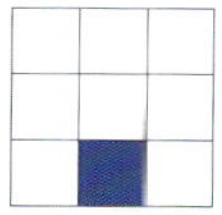

Blau ist eine günstige Farbe für den Bagua-Bereich Karriere. Dieser Bereich befindet sich vorn am Eingang in der Mitte.

Blau und der Bagua-Bereich Karriere

Die Farbe Blau mit dem Element Wasser gehört zum Lebensbereich Karriere. Damit ist viel mehr als unsere erste Assoziation mit Beruf und Karriereleiter gemeint. Karriere im Feng Shui umfasst den gesamten Lebensweg eines Menschen – von der Geburt bis zum Tod. Logisch, dass dieser Bagua-Bereich mit dem Wasser assoziiert wird. Karriere ist der natürliche Lebensfluss, der sich ausdrückt im körperlichen Wachstum, der Entwicklung der Persönlichkeit und des Verstands – und eben auch der beruflichen Laufbahn. Dabei geht es darum, seinen persönlichen Weg zu gehen und die eigenen Fähigkeiten, Talente und Begabungen zu erkennen und zu leben.

ENERGIE FÜR DEN BEREICH KARRIERE

Zimmerbrunnen • Aquarium • Schale mit Wasser • Wasserbilder • Spiegel • Bilder von Wegen oder Wasserläufen

Seinen Weg gehen

Dem Bagua-Bereich Karriere wird das Element Wasser zugeordnet. Eine entsprechende Gestaltung, wie ein blauer Anstrich, belebt Ihren persönlichen Lebensweg. Wenn das Leben schwer und anstrengend ist, Ängste und Zweifel für Stillstand sorgen oder Sie sich beruflich umorientieren wollen, sorgt Blau im Lebensbereich Karriere für Vertrauen, neue Möglichkeiten und ungeahnte Wege. Der Fluss des Lebens ist in ständiger Bewegung. Gegen den Strom zu schwimmen, ist anstrengend. Sich dem Fluss anzuvertrauen, bringt Sie überraschend schnell vorwärts!

Die Diele ist wie eine Geste der Begrüßung. Freundlich oder abweisend, herzlich oder kühl? Empfangen Sie andere Menschen, sich selber und das Leben mit offenen Armen, wird sich das an einer einladenden Diele zeigen. Farben im Eingangsbereich sollen freundlich und heiter sein. Das kräftige Blau ist ein wenig dunkel, aber durch den hohen Rot-Anteil warm und angenehm.

Als holzfördernde Farbe passt Blau auch zu den Zonen Familie und Reichtum. Um mehr über Familie und Reichtum zu erfahren, blättern Sie vor zum Kapitel Grün, Seite 16–47.

Vertrauen ins Leben

Das Element Wasser in der Persönlichkeit

Das Element Wasser ist eine fließende und bewegende Kraft. Wenn Menschen dieser Energiezustand sehr vertraut ist, zeigen sie entsprechende Charakterzüge, Verhaltensweisen und Emotionen. Typisch Wasser ist ein anpassungsfähiges Wesen, das sich einfühlsam, kommunikativ und gesellig zeigt. Diese Menschen besitzen die Fähigkeit, sich ganz und gar einer Sache zu widmen und konzentriert und ausdauernd am Ball zu bleiben. Wer gern im Team arbeitet und sich sowohl anpassen als auch durchsetzen kann, ist in seiner Wasser-Kraft stabil.

◗ Wenn wir uns bewusst machen, dass alles Energie und auf dieser Ebene miteinander verbunden ist, sind wir sogar mit scheinbar unbelebten Dingen verbunden. Die blaue Wand und die schwarze Liege transportieren in Form und Farbe den Energietyp Wasser und aktivieren Kontaktfreude, Kommunikation, Wissen, Weisheit, Entspannung, Einsicht und Verständnis. Menschen, bei denen die Wasser-Energie präsent ist, sammeln gern Wissen an. Manchmal ist man überrascht, was sie alles wissen! Um sich in Ruhe zum Nachdenken und Lesen zurückzuziehen, sind die Farben Blau und Schwarz wie geschaffen.

◖ Ein Aspekt der Wasser-Energie sind Hingabe und Zustimmung. Manche Menschen besitzen die Fähigkeit, sich dem, was ist, vertrauensvoll hinzugeben. Sie können sowohl die schwierige Aufgabe und die ungewohnte Herausforderung annehmen und meistern, als auch im Schlaf entspannen und loslassen. Die Farben des Wassers erhöhen die Bereitschaft, sich anzupassen und hinzugeben. Und das wirkt sich günstig auf Konzentration, Vertrauen, Schlaf und Entspannung aus.

Pflanzen gleichen aus

Wasser im Ungleichgewicht

Bei Menschen, deren Wasser-Anteil in der Persönlichkeit überwiegt, gerät das Wasser, bildlich gesprochen, außer Kontrolle und überflutet wild und reißend seine Umgebung. Diese Menschen geraten leicht ins Schwimmen, fühlen sich unsicher und orientierungslos. Da sich der innere Zustand immer auch im Verhalten und sogar im Umfeld abbildet, zeigt sich diese innere Unklarheit häufig im Zuhause. Sichtbares Durcheinander oder unsichtbare, in Schränken gut versteckte Unordnung sind ein Ausdruck davon.

Pflanzen brauchen Wasser, um zu wachsen. Ganz natürlich verbrauchen sie diese Energie. Sie gehören nach der Lehre des Feng Shui zum Element Holz, das im Kreislauf der Fünf Elemente auf die Wasser-Energie folgt. Pflanzen sind eine einfache und naheliegende Lösung, um einen Wasserüberschuss auszugleichen. Menschen, die introvertiert, kontaktscheu, verträumt oder einsam wirken, haben wahrscheinlich zu viel Wasser. Um auf das Bild zurückzukommen: Das Wasser staut sich. Dadurch entsteht Stillstand statt Bewegung und endloses Grübeln.

So, wie das Leben im stetigen Wandel ist, sind auch die Elemente in Bewegung. Es gibt Phasen, in denen ein Element deutlich präsent oder auch mal schwach ist. Wenn Menschen zu wenig Wasser haben, bewegen sie sich häufig an der Oberfläche, in Gesprächen, die über den Small Talk nicht hinauskommen, oder in Beschäftigungen, die schnell abgehandelt und nicht durchdrungen werden. Um dem Wasser mehr Kraft zu verleihen, sind das Wasser- und das Metall-Element geeignet, also die Farben Blau und Weiß.

Der Wunsch nach Ruhe

Die Blau-Variante Schwarz

Wenn alle Lichtstrahlen von einer Oberfläche absorbiert werden, entsteht im Gehirn der Farbeindruck Schwarz. Schwarz »schluckt« Licht. Setzen Sie Schwarz als Wandfarbe nur in ganz hellen Räumen mit viel lebendigen Kontrasten ein. Sonst fehlt es an der so wichtigen Lebensenergie Licht, und Räume wirken düster und bedrückend. Auch eine überwiegend schwarze Möblierung kann depressiv und pessimistisch machen. Das Gleiche gilt für ein dunkles Blau. In Akzenten wirken Schwarz und Dunkelblau dagegen beruhigend und erdend.

Schwarz ist zurückhaltend und gefällt oft Menschen, die sich der Welt besonnen und vorsichtig zeigen. Schwarz ist schlicht, einfach und neutral. Es fördert eine gewisse Zurückgezogenheit. Denn Schwarz hat, wie die Farbe Blau, den gleichen Energie-Kern wie der Winter und die Nacht. Beides Zeiten, in denen wir uns zu Hause zurückziehen. Diese Phasen machen durchaus Sinn, denn sie dienen dazu, Kräfte zu sammeln, vielleicht sogar etwas Vergangenes abzuschließen und neue Pläne zu schmieden. Dennoch gilt: Wer sich mehr Kontakte, Offenheit und Nähe zu Menschen wünscht, sollte das Schwarz in jedem Fall mit Farbe kombinieren.

◖ Vor dem Hintergrund der schwarzen Nacht können die Sterne leuchten. Schwarz ist eine »Farbe«, die Vordergründiges deutlicher hervorbringt. Es ist der ideale Hintergrund für eine wirkungsvolle Inszenierung und einen dramatischen Auftritt. Vor der schwarzen Wand kommt das Sideboard mit weißen Leuchten und dem frischen Blumenstrauß perfekt zur Geltung.

◓ Schwarz offenbart den Wunsch nach Einfachheit und Ruhe. In Kombination mit der klaren und minimierten Gestaltung scheint sich dieser Essraum auf das Wesentliche zu beschränken. Nichts lenkt ab. Materialien und Details der Einrichtung kommen besonders gut zur Geltung. Ein bewusster Gegensatz zu unserer bunten und schrillen Welt.

Die Idee des Neuanfangs

Die Blau-Variante Türkis

Türkis ist eine Mischung aus Blau und Grün und liegt im Kreislauf der Elemente zwischen Wasser und Holz.

Die Elemente sind nicht starr, sondern gehen fließend ineinander über. Türkis ist so eine Übergangsfarbe. Es steht für die Morgendämmerung, kurz bevor die Sonne aufgeht, für das Ende des Winters und den Wechsel zum Frühling.

Türkis vereint die Ruhe des Wassers mit der Kraft des Frühlings. Es trägt schon die Idee des Neuanfangs in sich. Das macht diese Farbe unglaublich frisch.

◗ Mit Türkis verbinden wir das türkis-blaue Wasser des Meeres und damit Erholung, Ruhe, Frische und Frühling. Türkis belebt, erfrischt und erneuert und ist ein perfekter Start in den Tag. Die dynamische Kraft der Holz-Energie, die in dieser Mischfarbe vorhaben ist, gleicht die nach unten fließende Wasser-Energie, die im Bad reichlich vorhanden ist, aus. So erreicht Türkis, neben seiner erfrischenden Wirkung, auch einen Kräfteausgleich und eine harmonische Stimmung, damit Ihr Bad zur wohltuenden Oase wird.

◖ Der Garten ist der Ort der Holz-Energie. Die Welt der Pflanzen und alle Varianten des Grüns werden dem Element Holz zugeordnet. Eine türkisfarbene Wand fügt sich hervorragend ein. Sie ist so frisch und belebend wie der Garten selber. Den Charakter des Orts aufzugreifen, ist immer eine gute Möglichkeit, um eine Farbe auszuwählen.

Blau und Grün gehören zu den ruhigen Yin-Farben, wenn auch dem Türkis und der Holz-Energie eine gewisse Dynamik anhaften. Die Frische im Holz steht auch für die Lust auf Neues und einen gewissen Tatendrang. Es beflügelt Ihre Kreativität und Fantasie. Dennoch hat Türkis einen kühlen, ruhigen und erholsamen Charakter. Fügen Sie ein bisschen Sonne hinzu, also die Farben Rot und Orange, und schon ist das Bild perfekt.

Anhang

Literaturverzeichnis

Chiazzari, Suzy: *Wohnfarben.* München 2006. *An diesem Buch gefällt mir vor allem die Einführung zum Thema Farbe.*

Collins, Josephine: *Glücklich wohnen. WohnWellness mit Feng Shui-Ideen.* München 2006. *Sehr schön gestalteter Wohn-Ratgeber mit ansprechenden Fotos. Wenig Feng-Shui-Theorie.*

Heller, Eva: *Wie Farben auf Gefühl und Verstand wirken* München 1989. *Ein umfassendes Buch über die Wirkungen von Farben, Farbsymbolik und Farbpsychologie.*

Itten, Johannes: *Kunst der Farbe.* Ravensburg 1961. *Standardwerk zum Thema Farbenlehre. Obwohl zu Bauhaus-Zeiten verfasst, immer noch aktuell.*

Kingston, Karen: *Feng Shui gegen das Gerümpel des Alltags.* Hamburg 2000. *Der Klassiker zum Thema Entrümpeln.*

Klinger, Johannes: *Farbe und Licht.* München 2007. *Kein Feng-Shui-Buch, aber großartige Beispiele für das Zusammenspiel für Farbe, Licht und Architektur*

Lazenby, Gina: *Inneneinrichtung nach Feng Shui.* München 1999. *Dieses Buch beschreibt sehr anschaulich das Basis-Wissen des Feng Shui, vor allem die einzelnen Bagua-Bereiche.*

Lorenzen, Udo/Noll, Andreas: *Die Wandlungsphasen in der traditionellen chinesischen Medizin,* Bd. 1–5. München 2004. *Sehr ausführliches Werk für alle, die an chinesischer Philosophie, den fünf Wandlungsphasen und traditioneller chinesischer Medizin interessiert sind.*

Möller, Katrin: *365 Tage mit Feng Shui.* München 2007. *Ein Jahreskalender mit 365 inspirierenden Fotos belebter Wohnungen, Häuser und Gärten und verständlicher Feng-Shui-Theorie. So können Sie Schritt für Schritt Ihre vier Wände verschönern und erneuern. Ohne großes Budget umsetzbar.*

Nollau, Nadja: *Feng Shui. Du bist, wie Du wohnst.* München 2006. *Buch zum Thema Entrümpeln, unterhaltsam und humorvoll geschrieben. Eine konkrete Anleitung, die »4-Kisten«-Methode, macht das Ausmisten ganz leicht.*

Platsch, Klaus-Dieter: *Die fünf Wandlungsphasen.* München 2005. *Kompakte und umfassende Einführung in die Fünf Wandlungsphasen (Elemente). Passend für alle, die tiefer in das Thema Fünf Elemente einsteigen wollen.*

Prignitz, Eva; Ruf, Petra: *Das Feng Shui Lexikon.* München 2005. *Nachschlagewerk mit über 400 Stichworten rund um das Thema Feng Shui. Man findet (fast) alles erklärt.*

Sator, Günther: *Feng Shui. Die Kraft der Wohnung entdecken und nutzen.* München 2005. *Feng Shui verständlich erklärt und vor allem auf unsere westliche Kultur angepasst. Für Einsteiger absolut empfehlenswert!*

Sator, Günther: *Feng Shui für Kinder.* München 2000. *Guter Einstieg ins Feng Shui mit konkreten Tipps zur Kinderzimmergestaltung und typgerechten Förderung.*

Weidner, Christopher: *Feng Shui gegen das Gerümpel im Kinderzimmer.* Hamburg 2004. *Dieses Buch hilft, Kinder besser zu verstehen und sie individuell zu fördern und zu stärken. Ausführliche Beschreibungen zu den unterschiedlichen Element-Typen.*

Wilhelm, Richard: *I Ging – Das Buch der Wandlungen.* Düsseldorf 2001. *Das I Ging enthält die Philosophie des alten Chinas und wird als das älteste Weisheits- und Weissagungsbuch bezeichnet.*

Register

Bildnachweis

Alle Fotos mit freundlicher Genehmigung der Bildagentur Red Cover, London (www.redcover.com)

Die Fotografen, Designer, Stylisten der einzelnen Fotos sind: Seite 8 l.: Jake Fitzjones/Neil Lerner Kitchens; 8 M.: Simon McBride; 8 r.: Ginette Chapman; 9 l.: Jake Fitzjones/Shani Zion; 9 r.: Dan Duchars; 10–13: Skizzen Katrin Möller; 15: Dan Duchars; 16/17: James Mitchell; 18: Sophie Munro; 19 l.: Jean Maurice; 19 r.: Claudia Dulak; 20: Sophie Munro; 21: Simon Scarboro; 22: Andrew Wood; 25: Johnny Bouchier; 26: Jumping Rocks; 27: Red Cover; 28: Graham Atkins-Hughes; 29 l.: Mike Daines; 29 r.: James Mitchell; 30: Jake Fitzjones/Neil Lerner Kitchens; 31 o.: Ken Hayden; 31 u.: Simon McBride; 32: Graham Atkins-Hughes; 33: Troy Campbell; 34 o.: Jake Curtis; 34 u.: Jo Tyler/Design Angus Shepard – Powell Tuck; 35: Graham Atkins-Hughes; 36: Winfried Heinze; 37: Simon Scarboro; 39 l.o.: Tria Giovan; 39 l.u.: Steve Dalton; 39 r.: Dan Duchars; 40: James Mitchell; 42/43: Trine Thorsen/Stylist Alessandro D'Orazid & Jannicke K. Eriksen; 43: James Mitchell; 44: Graham Atkins-Hughes; 45: Winfried Heinze; 46: Trine Thorsen; 47: Winfried Heinze; 48/49: Jake Fitzjones; 50: Grant Govier; 51: Chris Tubbs; 52: Holly Jolliffe/Stylist Louise O'Bryan; 54: Red Cover; 55: Greg Ryan; 56: Trine Thorsen; 57 o.: Trine Thorsen; 57 u.: Ginette Chapman/Stylist Dilly Orme; 58 l.: Winfried Heinze; 58 r.: Jake Fitzjones/Design Rachel Harding; 59: Niall McDiarmid; 60: Sarah Hogan/Stylist Alison Nichols; 61: Jake Fitzjones; 62: Jake Fitzjones; 63: Jake Fitzjones; 64: Chris Tubbs; 65: Grant Govier; 66: Red Cover; 67: Andrew Wood; 68: Henry Wilson; 69: Trine Thorsen; 70: Mike Daines; 71: Johnny Bouchier; 72: Christine Bauer; 73: Graham Atkins-Hughes; 74: Graham Atkins-Hughes; 75: Jean Maurice/Graine D'Interieur; 76: David George; 77: Ed Reeve; 78: Huntley Hedworth; 79: James Balston; 80: Dan Duchars; 81: Carlos Dominguez; 82: Red Cover; 83: Red Cover; 84: Dan Duchars; 85 o.: Christine Bauer; 85 u.: Jean Maurice; 86/87: Grant Scott; 88 l.: Johnny Bouchier; 88 r.: Winfried Heinze; 89: Trine Thorsen; 90: Chris Tubbs/Architekt Jack Schneider; 91: Kevin McFeely; 93: Ginette Chapman; 94: Henry Wilson; 95: Jake Fitzjones; 96: Graham Atkins-Hughes; 97: Chris Tubbs; 98: N. Minh & J. Wass; 99 l.: Trine Thorsen; 99 r.: Victoria Gomez; 100: Carlos Dominguez; 101: Carlos Dominguez; 102: Dan Duchars; 103: Henry Wilson; 104: Graham Atkins-Hughes; 105: Andrew Wood; 106: Holly Jollife/Stylist Louise O'Bryan; 107: N Minh & J Wass; 108: Johnny Bouchier; 109: Ed Reeve/Design Monica Mauti Equihua; 110: Fabio Lombrici/Design Marina Maturanza; 111: Ginette Chapman; 112: Michael Freeman; 113: N. Minh & J. Wass; 114: Graham Atkins-Hughes; 115: Paul Massey; 117: Victoria Gomez; 118: Debi Treloar; 119: Nina Assam; 120: Simon McBride; 121 l.: Henry Wilson; 121 r.: Dan Duchars; 122/123: Henry Wilson; 124: Henry Wilson/Design Michael Reeves; 125: David George; 126: Dan Duchars; 127: Christopher Drake; 128: Christopher Drake; 130: Henry Wilson; 131: David George/Architekt Charles Rutherfoord; 133: Grant Govier; 134: Christopher Drake; 135: Ken Hayden; 136 l.: Ken Hayden; 136 r.: Paul

Massey; 137: Warren Smith; 138: Graham Atkins-Hughes; 139: Ken Hayden; 140: Trine Thorsen/Stylist Christine Hperra; 141: Henry Wilson/Architekt Ian Chee; 142 l.: Trine Thorsen; 142 r.: Alun Callender; 143: Guglielmo Galvin; 144: Henry Wilson; 145: Debi Treloar; 146: Jake Curtis; 147: Kim Sayer; 148: Alun Callender/Stylist Abigail Edwards; 149 l.: Niall McDiarmid; 149 r.: Red Cover; 150: David George; 151 l.: Tria Giovan; 151 r.: Christine Bauer/ Corenlias online store, www.daswienerzimmer.at; 152: Ken Hayden; 153: Trine Thorsen; 154: Ed Reeve; 155: Winfried Heinze; 156: Ken Hayden; 157: Sophie Munro; 158/159: Simon McBride; 161: Ginette Chapman/Stylist Dilly Orme; 162: Simon Scarboro; 165: Mark York; 166: Claudia Dulak/Stylist Ruth Welsby; 167: Simon McBride; 168: Dan Duchars; 169: Chris Tubbs; 170: Jean Maurice/Tischchen: Andrew Tye (Silvera), Vase: Conran Shop, TV: Les 3 Suisses; 171: Alun Callender/Stylist Abigail Edwards; 172: James Mitchell; 173: James Balston/Architekt Barnaby Gunning; 174: Graham Atkins-Hughes; 175: Tim Evan-Cook; 176: James Balston/Designer Sally Dernie; 177: Niall McDiarmid; 178: Paul Ryan-Goff; 179: Dan Duchars; 180, 181 l., 181 r.: Nina Assam; 182: Winfried Heinze; 183: Johnny Bouchier; 184: Henry Wilson; 185: Grant Govier; 186: Andrew Boyd; 187: Winfried Heinze; 188 l.: Simon McBride/Designer Ali Robinson; 188 r.: Winfried Heinze; 189: James Mitchell; 190: David George; 191: Graham Atkins-Hughes; 193: Claudia Dulak/Stylist Sally McKewen.

Impressum

Verlagsgruppe Random House FSC-DEU-0100
Das für dieses Buch verwendete FSC-zertifizierte Papier *Profisilk*, hergestellt von Sappi/Alfeld, lieferte IGEPA.

1. Auflage

Layout und Satz: Monika Pitterle/DVA
Gesetzt aus der Adobe Garamond Pro und der ITC Franklin Gothic Std
Lithographie: Repro Ludwig, A-Zell am See
Druck und Bindung: Offizin Andersen Nexö, Zwenkau
Printed in Germany
ISBN: 978-3-421-03725-1

www.dva.de